Richtig gekocht wird daheim

Ausrüstung

Proviant

Rezepte

Index und Bezugsquellen

*Trekking auf dem Bibbulum Track, Australien*

Trekking auf dem Colorado Trail, USA

Band 424

OutdoorHandbuch

Stefan Kuhn

# Kochen ultraleicht

# Kochen ultraleicht



Der Autor und der Verlag sind für Lesertipps und Verbesserungen (besonders per E-Mail) unter Angabe der Auflagen- und Seitennummer dankbar.

Dieses OutdoorHandbuch hat 160 Seiten mit 59 farbigen Abbildungen. Es wurde auf chlorfrei gebleichtem, FSC®-zertifiziertem Papier gedruckt, in Deutschland klimaneutral hergestellt und transportiert und wegen der größeren Strapazierfähigkeit mit PUR-Kleber gebunden.

FSC
www.fsc.org
MIX
Papier aus verantwortungsvollen Quellen
FSC® C009051

Klimaneutral
Druckprodukt
ClimatePartner.com/10951-1901-1003

Dieses Buch ist im Buchhandel und in Outdoor-Läden erhältlich und kann im Internet oder direkt beim Verlag bestellt werden.

OutdoorHandbuch aus der Reihe „Basiswissen für draußen", Band 424

ISBN 978-3-86686-578-5 2., aktualisierte Auflage 2021



Text und Fotos: Stefan Kuhn
Lektorat: Amrei Risse und Anna-Lena Ebner
Layout: Ricarda Kuschma

Gesamtherstellung: gutenberg beuys feindruckerei

Dieses OutdoorHandbuch wurde konzipiert und redaktionell erstellt vom:

Conrad Stein Verlag GmbH, Kiefernstr. 6, 59514 Welver,
023 84/96 39 12,
info@conrad-stein-verlag.de,
www.conrad-stein-verlag.de

Besuchen Sie uns bei Facebook & Instagram:

www.facebook.com/outdoorverlag

www.instagram.com/outdoorverlag

Titelfoto: Ultraleichte Teepause im Fichtelgebirge

# Inhalt

# Richtig gekocht wird daheim

Ob beim Trekking, Radfahren oder Paddeln – wer über mehrere Tage hinweg in abgelegenen Regionen unterwegs sein will, benötigt ein leichtgewichtiges Konzept für eine kompakte Outdoor-Küche. Nur so lassen sich unnötige Schindereien vermeiden, denn das Kochsystem und vor allem der Proviant machen bei mehrtägigen Touren den Großteil des Rucksackgewichts aus.

Die Auswahl an Kochern, Töpfen und anderen Küchenutensilien ist riesig, doch nur selten umfasst das Sortiment im Fachhandel vor Ort wirklich leichte und kompakte Lösungen. Zudem orientiert sich die Beratung oft mehr am vermeintlichen „Komfort“ der Kochsysteme. Große Töpfe, Pfannen und schnelle Kocher sind zwar komfortabel, doch für eine Viertelstunde Kochvergnügen schleppen Sie das Mehrgewicht den ganzen Tag und müssen womöglich auch noch auf einen größeren und schwereren Rucksack ausweichen.

Zudem werden Sie auf mehrtägigen Outdoor-Touren so gut wie nie mit frischen Lebensmitteln kochen. Getrocknete Nahrung ist wesentlich leichter, länger haltbar sowie schneller und damit auch Brennstoff sparender zubereitet. Im Grunde kochen Sie unterwegs gar nicht. Sie erhitzen lediglich Wasser für Heißgetränke und gekaufte oder selbst hergestellte Fertigmahlzeiten. Dazu reicht ein kleines, ultraleichtes Kochset absolut aus. Und wer es noch leichter mag, der kann seine Mahlzeiten sogar kalt zubereiten – Kocher und Brennstoff bleiben dann daheim.

Den Großteil Ihres Kalorien- und Nährstoffbedarfs decken Sie ohnehin mit über den Tag verteilten Zwischenmahlzeiten. Leckereien wie Schoko- und Müsliriegel, Trail Mix oder Trockenfrüchte bieten einen erheblich höheren Energiegehalt als dehydrierte Mahlzeiten, sind somit bei gleicher Kalorienzahl leichter und jederzeit verzehrfertig.

Für welche Spielart der ultraleichten Outdoor-Küche Sie sich letztlich entscheiden, hängt natürlich von der jeweiligen Tour sowie von Ihren individuellen Bedürfnissen und Vorlieben ab. Bei der Entscheidungsfindung und Auswahl der Einzelkomponenten unterstützt Sie dieses Buch. Es liefert Tipps und Denkanstöße für leichte Lösungen und bietet Ihnen einen umfassenden Überblick über praxiserprobte Ausrüstung und Rezepte. So erfahren Sie unter anderem:

- ▷ welche Brennstoffe infrage kommen und welche Vor- und Nachteile sie mit sich bringen,
- ▷ welches die leichteste Kochausrüstung am Markt ist und wo Sie sie bekommen,
- ▷ wie Sie Ihr erstes Kochsystem selbst bauen und welche Alternativen es zu kommerzieller Ausrüstung und Nahrung gibt,
- ▷ warum das Reiseziel, die Jahreszeit und die geplanten Outdoor-Aktivitäten die Auswahl der leichtesten Küchenlösung beeinflussen,
- ▷ warum eine gute Planung und die richtige Proviantzusammenstellung entscheidend für ein geringes Gesamtgewicht sind,
- ▷ wie und mit welchen Zutaten Sie daheim eigene Trekking-Mahlzeiten für Ihre Touren zubereiten können und
- ▷ wie Sie bei der Zubereitung von warmen Mahlzeiten und Heißgetränken Brennstoff und somit auch Gewicht sparen.

Gerade im Ausrüstungsteil mag Ihnen das Feilschen um das letzte Gramm ab und an zu akribisch vorkommen. Wie weit Sie bei der Gewichtsreduzierung Ihrer Ultraleicht-Küche gehen, bleibt letztlich Ihnen überlassen. Ziehen Sie allerdings jedes überflüssige Gramm in Betracht – weniger ist mehr! Abseits ausgetretener Pfade ist ein zusätzlicher Schokoriegel einfach wesentlich wertvoller als ein zusätzlicher Teller.

Ob beim Wandern, Bergsteigen, Radeln oder Kanufahren: Mit einem geringeren Gesamtgewicht werden Sie eine neue Variante des Komforts erleben. Dabei steht das unbeschwerte Erlebnis und nicht die Ausrüstung im Vordergrund. Mit ein wenig Minimalismus sind Sie nicht nur leichter, sondern auch schneller unterwegs. Sie schonen Ihren Körper und regenerieren schneller, haben mehr Zeit für das Wesentliche und können die Natur intensiver genießen.

Viel Spaß dabei und einen guten Appetit!
Stefan Kuhn

# Ausrüstung

Titan-Folie als Windschutz

Die leichteste Outdoor-Küche ist die **kalte Küche**. Wer auf heißen Tee und eine warme Mahlzeit im Camp verzichtet, der kommt mit einem einfachen Essnapf aus und spart sich das Gewicht für Topf, Kocher und Brennstoff.

Auf Langstreckenwanderungen lassen sich auf diese Weise durchaus mehrere Tausend Kilometer zurücklegen. Berichten zufolge liegen die Vorteile der kalten Küche allerdings nicht nur in der Gewichtsersparnis. Der Verzicht auf Kocher und warme Mahlzeiten bedeutet zugleich **mehr Flexibilität und Zeit**. So lassen sich kalte Mahlzeiten ohne große Vorbereitung schon auf dem Wanderweg verzehren und bringen damit noch einmal einen kräftigen Energieschub für die letzten Kilometer des Tages. Da die allabendliche Kochzeremonie komplett entfällt, können Sie zudem ein wenig länger unterwegs sein.

*Heißgetränke: In kalten Regionen kann sogar eine schwere Isolierflasche für einen warmen Pausentee zur ultraleichten Outdoor-Küche gehören*

Die meisten dürften allerdings beim Outdoor-Sport auf **warme Mahlzeiten oder Heißgetränke** kaum verzichten wollen. Zum Teil hat das – neben dem befürchteten Komfortverlust – auch gute Gründe: Nässe, Wind und Erschöpfung führen schnell zu einer Unterkühlung des Körpers und dann helfen warme und gesüßte Getränke beispielsweise ungemein gegen einsetzendes Kältezittern.

Selbst in kleinen Pausen sorgen Tee oder andere Heißgetränke dafür, dass der Körper nicht zu sehr auskühlt. Bei vielen gehört deshalb in kalten Regionen sogar eine vergleichsweise schwere Isolierflasche zur Grundausstattung.

Es gibt also gute Gründe für die Mitnahme eines leichten Kochsystems. Welche Optionen Sie bei der Wahl Ihrer optimalen Outdoor-Küche haben, erfahren Sie im Folgenden.

# Brennstoff

Die Zusammenstellung der Ausrüstung beginnt mit der Wahl des geeigneten Brennstoffs. Dabei kommt es nicht nur auf dessen Heizwert an. Der **Heizwert** ist zwar das Maß für die „spezifisch je Bemessungseinheit nutzbare Wärmemenge ohne Kondensationswärme" und spiegelt damit das Verhältnis von Gewicht und Energiegehalt eines Brennstoffs wider. Entscheidend sind beim ultraleichten Kochen aber auch andere Faktoren:

- ▷ Verfügbarkeit des Brennstoffs vor Ort
- ▷ gebräuchliche Packungs-/Gebindegrößen
- ▷ Außentemperaturen und Einsatzregion
- ▷ Gruppengröße
- ▷ Gewicht des benötigten Kochers

Für eine kurze 1-Personen-Tour über das Wochenende ist beispielsweise ein Gaskocher meist viel zu schwer, da die kleinste Gaskartusche mit rund 200 g schon deutlich mehr wiegt als ein komplettes Spirituskochsystem inklusive Brennstoff und Topf. Bei Eiseskälte ist womöglich Benzin die beste Wahl und im Hochgebirge dürften Sie oberhalb der Baumgrenze nur selten Brennstoff für einen Holzkocher finden.

Entscheidend für den Brennstoffbedarf und somit auch für die Wahl des passenden Brennstoffs ist zudem die Gruppengröße. Als erste Orientierungshilfe kann Ihnen dabei die folgende Tabelle dienen:

| | **1 Person** | **2 Personen** | **Gruppe (mehr als 2 Personen)** |
|---|---|---|---|
| **Gas** | ☺/☹ | ☺ | ☺ |
| **Spiritus** | ☺ | ☺ | ☹ |
| **Esbit** | ☺/☹ | ☹ | ☹ |
| **Holz** | ☹/☺ | ☹/☺ | ☺ |
| **Benzin** | (☺) | (☺) | ☺ |

Esbit kann bei Kurztrips für Einzelpersonen eine sehr gute Wahl sein, während sich Holz meist nur bei längeren Touren abseits der Zivilisation rechnet. Benzin hingegen macht in der leichten Outdoor-Küche im Grunde nur bei sehr hohem Energiebedarf Sinn, also beispielsweise bei sehr großen Gruppen. Es sei denn, die Zielregion ist sehr hoch gelegen oder überaus kalt.

## Gas

Gas ist der bei Outdoor-Aktivitäten am häufigsten genutzte Brennstoff, da es einfach in der Handhabung ist und einen hohen **Heizwert von 12,7 bis 12,9 kWh/kg** hat. Für leichte Kochsysteme ist der Brennstoff meist in 100, 230 oder 450 g fassenden und nach dem EN-417-Standard zertifizierten **Einweggaskartuschen** erhältlich, die mit Stech-, Ventil- bzw. Bajonett- (Campingaz) oder Schraubanschlüssen (Lindal-Gewinde, 💻 www.lindalgroup.com) versehen sind.

✋ Die verschiedenen **Anschlussarten** sind untereinander nicht kompatibel! Für die weitverbreiteten Gaskocher mit Schraubanschluss ist von Jeebel Camp JBL-G016 (💻 www.amazon.de) zwar ein **Adapter** verfügbar, mit dem sich auch Ventilkartuschen verwenden lassen. Mit einem Gewicht von rund 43 g ist diese Lösung aber ebenso wie ähnliche Adapter für andere Gasbehälter nicht gerade ultraleicht.

*Gaskartusche: Der Schraubanschluss mit Lindal-Gewinde ist weitverbreitet*

Die Füllung der Gaskartuschen steht unter einem Druck von etwa 10 bar und ist auf rund 1/250 des ursprünglichen Volumens komprimiert. In der Regel besteht die Füllung aus einem Gemisch verschiedener Gase:

- ▷ **Butan (n-Butan):** Heizwert 12,7 kWh/kg, Siedepunkt ca. 0 °C
- ▷ **Isobutan (i-Butan):** Heizwert 12,7 kWh/kg, Siedepunkt ca. -12 °C
- ▷ **Propan:** Heizwert 12,9 kWh/kg, Siedepunkt ca. -42 °C

Vom Heizwert her unterscheiden sich diese Gassorten kaum, doch je niedriger der Siedepunkt liegt, desto besser ist das jeweilige Gas für kalte Umgebungstemperaturen geeignet. Relativ häufig besteht die Gasfüllung aus einer Mischung von 70 % Butan und 30 % Propan.

Im Handel sind zudem spezielle **Sommer- und Wintergasmischungen** erhältlich. So hat Primus (💻 www.primusoutdoor.de) Schraubkartuschen für warme Gebiete mit Temperaturen von über 15 °C sowie für kalte Regionen mit Tiefsttemperaturen von bis zu -22 °C im Programm. Letztere sind im Inneren zusätzlich mit einem saugfähigen Papier (Vapour Mesh) versehen, das bei Frost den Gasdruck erhöhen und die Leistungsfähigkeit des Kochers verbessern soll.

**Vorteile**

- ▷ hoher Heizwert
- ▷ einfache Bedienung ohne Aufheizzeit
- ▷ geruchsarm und rußfrei
- ▷ Flamme bei normalen Temperaturen gut regulierbar
- ▷ brennt auch bei niedriger Sauerstoffkonzentration

**Nachteile**

- ▷ vergleichsweise teuer (insbesondere die kleinen Gaskartuschen)
- ▷ passende Gaskartuschen nicht überall erhältlich
- ▷ hohes Kartuschengewicht und großer Platzverbrauch
- ▷ Müll durch Einwegverpackung
- ▷ Gaskartuschen können bei Temperaturen über 50 °C platzen

**Faustregel**

15 g Gas reichen, um 1 l Wasser zum Kochen zu bringen.

Das **Leergewicht der Gaskartuschen** beträgt rund 90 g bei 100 g Füllung bzw. 160 g bei 230 g Gasinhalt. Die großen 450-g-Gaskartuschen wiegen leer etwa 200 g. Leere Gaskartuschen lassen sich meist nicht unterwegs, sondern erst im nächsten Ort als Altmetall entsorgen (teilweise sind sie auch mit dem „Grünen Punkt" versehen). Zuvor sollten sie vollständig entleert werden.

☺ Sinnvolles Zubehör: Der koreanische Hersteller G-Works hat mit dem „Gas Saver" einen speziellen Adapter für Schraubkartuschen im Programm, der sich zum Umfüllen von Gasresten eignet (💻 g-works.co.kr). Ähnliche Adapter sind auch von anderen asiatischen Herstellern erhältlich. Diese Lösungen sind insbesondere dann interessant, wenn Sie aus mehreren angebrochenen eine volle

Gaskartusche machen wollen oder aber eine Kartusche mit genau der Füllmenge mitnehmen möchten, die Sie für Ihre Tour voraussichtlich benötigen. Zudem lässt sich Geld sparen, wenn Sie große Kartuschen in kleinere umfüllen.

*Der Umfülladapter erlaubt das Verbinden und Umfüllen von Gaskartuschen*

☹ Sinnloses Zubehör: Der „Titanium Spork With Function Of Gas Canister Punch“ von Fire Maple (🖳 firemaplegear.com) wurde als „Gold Winner“ des ISPO Award 2018 ausgezeichnet. Das Essbesteck enthält ein integriertes Tool, mit dem sich leere Gaskartuschen komprimieren lassen. Die Ausgabe können Sie sich getrost sparen: Passt die Gaskartusche in vollem Zustand in den Rucksack, dann hat sie auch Platz, wenn das Gas aufgebraucht ist.

## Spiritus

Brennspiritus, oder kurz Spiritus, ist der beliebteste **Flüssigbrennstoff** in der ultraleichten Outdoor-Küche. Das liegt vor allem an der einfachen Handhabung und den pflegeleichten Kochsystemen, die sich aus alten Aluminiumdosen sogar selbst bauen lassen (☞ Spirituskocher).

Bei Brennspiritus handelt es sich um **Alkohol** (Ethanol), der aus steuerrechtlichen Gründen mit Chemikalien wie Methylethylketon und dem extrem bitteren Denatoniumbenzoat vergällt wird. Spiritus wiegt rund **790 g pro Liter**. Er ist bei Raumtemperatur leicht entzündlich, lässt sich vorgewärmt aber auch bei leichtem Frost nutzen. Sein **Heizwert liegt bei 7,4 kWh/kg**, der Siedepunkt bei 78 °C.

### Vorteile

- ▷ fast überall günstig erhältlich
- ▷ unkomplizierte und ungefährliche Handhabung
- ▷ nahezu geräuschlose Verbrennung
- ▷ einfache Berechnung der benötigten Menge
- ▷ Brennstoffvorrat lässt sich leicht ermitteln

*Spiritus: Der vergällte Alkohol ist in Deutschland meist in grünen 1-Liter-Plastikflaschen erhältlich*

### Nachteile

- ▷ nicht immer rußfreie Verbrennung
- ▷ vergleichsweise geringer Heizwert
- ▷ vergleichsweise lange Kochzeiten
- ▷ teilweise lange Aufheizzeit erforderlich
- ▷ Vorwärmen bei tiefen Temperaturen erforderlich

### Faustregel

30 g Brennspiritus reichen, um 1 l Wasser zum Kochen zu bringen.

Brennspiritus ist – außer in Ländern mit Alkoholverbot – fast überall in gut sortierten Supermärkten, Drogerien oder Baumärkten verfügbar. Sollten Sie wirklich einmal Probleme bei der Beschaffung haben, dann fragen Sie in der Apotheke nach reinem Alkohol oder weichen Sie auf sehr hochprozentige Spirituosen aus.

Ein weiterer Vorteil von Spiritus: Die meisten Transportbehälter sind durchscheinend und so können Sie optisch sehr leicht den verbleibenden Brennstoffvorrat abschätzen. Die Restfüllung von Gaskartuschen müssten Sie hingegen auswiegen.

## Esbit

Bei Esbit oder „Erich Schumms Brennstoff in Tablettenform" (💻 esbit.de) handelt es sich um einen Trockenbrennstoff, der für Armeen und Hilfsorganisationen entwickelt wurde. Dort kommt Esbit vor allem in Notkochern zum Einsatz.

*Esbit: Der Trockenbrennstoff darf während der Lagerung nicht feucht werden*

Esbit-Tabletten bestehen aus **Trockenspiritus** (Urotropin) und sind mit einem Gewicht von 4 oder 14 g in Outdoor-Shops, Baumärkten und Haushaltswarengeschäften erhältlich. Der **Heizwert von 8,7 kWh/kg** ist vergleichbar mit normalem Brennspiritus.

**Vorteile**

- ▷ einfache und überaus sichere Anwendung
- ▷ kann nicht auslaufen oder explodieren
- ▷ bei ordnungsgemäßer Lagerung lange haltbar
- ▷ einfache Berechnung der benötigten Menge
- ▷ leicht zu löschen (einfach ausblasen)

**Nachteile**

- ▷ geringer Heizwert, lange Kochzeiten
- ▷ wind- und feuchtigkeitsempfindlich
- ▷ klebriger Belag auf der Topfunterseite
- ▷ riecht etwas „fischig" beim Verbrennen
- ▷ setzt Blausäure frei (nicht im Zelt verwenden!)

**Faustregel**
35 g Esbit reichen, um 1 l Wasser zum Kochen zu bringen.

Esbit wird meist auf kurzen Touren zum Erhitzen von Kleinstmahlzeiten oder Wassermengen von maximal 500 ml verwendet. Die Tabletten liefern eine recht geringe Heizleistung, da sie sehr langsam verbrennen.

Die Brenndauer einer 4-g-Tablette liegt bei rund fünf Minuten, die 14-g-Variante brennt etwa zwölf Minuten und reicht damit meist, um einen halben Liter Wasser zu erhitzen. Bei widrigen Umgebungsbedingungen kann es durch Wärmeverluste aber durchaus passieren, dass das Wasser nicht den Siedepunkt erreicht.

## Holz

„Ich koche mit Holz und suche mir meinen Brennstoff unterwegs zusammen!" – Das klingt verlockend, kann für Neulinge aber durchaus problematisch sein. Im Vergleich zu Spiritus oder Gas erfordert die Handhabung dieses Brennstoffs deutlich mehr Erfahrung. Mit Holz sollten Sie deshalb erst einmal auf kürzeren Touren experimentieren und Erfahrungen sammeln.

Vor Ort dürfen Sie auf jeden Fall etwas mehr Zeit zum Kochen einplanen, denn schließlich müssen Sie erst einmal ein paar (möglichst trockene) Zweige einsammeln und ein Feuer entfachen. Zudem ist es ratsam, bereits auf den letzten Metern zum Lagerplatz nach geeignetem **Zunder** Ausschau zu halten und für den Notfall auch ein wenig Zundermaterial (zum Beispiel Wachswatte) mit sich zu führen.

▷ waldfrisches Holz: Heizwert 1,9 kWh/kg
▷ lufttrockenes Holz: Heizwert 4,0 bis 4,4 kWh/kg

Der geringe Heizwert spielt bei diesem Brennstoff – solange Holz vor Ort verfügbar ist – keine allzu große Rolle. Bei ausreichendem Brennstoffvorrat am Lagerplatz ist Holz vor allem dann eine gute Wahl, wenn Sie sehr viel Wasser erhitzen oder gleich für mehrere Personen kochen müssen.

**Vorteile**

▷ der „leichteste" Brennstoff, wenn vor Ort verfügbar
▷ der günstigste Brennstoff

- ▷ Brennstoffverbrauch spielt keine Rolle
- ▷ kein Verpackungsmüll
- ▷ ideal als Zusatzbrennstoff geeignet

**Nachteile**

- ▷ Handhabung vergleichsweise zeitintensiv
- ▷ Anzündmaterial als Feuerstarter erforderlich
- ▷ keine rußfreie Verbrennung
- ▷ Rauchentwicklung, Funkenflug, Asche
- ▷ offenes Feuer ist oft verboten

**Faustregel**

250 bis 500 g Holz reichen, um 1 l Wasser zum Kochen zu bringen.

☺ In holzarmen Gegenden kann man auch mit dem Dung diverser Tiere kochen. Und für den absoluten Notfall können Sie zusätzlich einen leichten Spiritusbrenner mit sich führen, der sich in den meisten Holzkochern ebenfalls verwenden lässt.

## Benzin

Benzin hat einen hohen **Heizwert von 11 bis 11,6 kWh/kg** und ist zumindest als Tankstellenbenzin weltweit erhältlich. Benzin ist dabei sogar leichter als Spiritus, denn Rein- oder Waschbenzin (Leichtbenzin) wiegt gerade mal **640 bis 700 g pro Liter**, Tankstellenbenzin liegt bei **720 bis 775 g pro Liter**.

Trotzdem spielt dieser Brennstoff in der ultraleichten Outdoor-Küche nur eine untergeordnete Rolle, denn der Gewichtsvorteil wird – zumindest auf kürzeren Touren – schnell durch die technisch aufwendigen und vergleichsweise schweren ☞ **Benzinkocher** aufgezehrt.

Zudem ist die **Handhabung komplizierter** als bei Gas oder Spiritus und deshalb gilt auch hier: üben, üben, üben. Und das bitte, bevor Sie aufbrechen, denn Benzin kann durchaus **gefährlicher** sein als andere Brennstoffe: Mit Gas oder Spiritus wird beispielsweise bei schlechtem Wetter oft in der Zeltapsis gekocht. Versuchen Sie dies bitte nicht mit Benzin, denn beim Vorwärmen des Kochers sind Stichflammen durchaus keine Seltenheit.

**Vorteile**

- ▷ hoher Brennwert, leichter Brennstoff
- ▷ weltweit sehr gute Verfügbarkeit
- ▷ relativ preiswerter Brennstoff
- ▷ gute Leistung bei Kälte
- ▷ zuverlässig in großen Höhen

**Nachteile**

- ▷ starke Rußbildung während der Aufheizzeit
- ▷ giftige Benzindämpfe und starker Geruch
- ▷ Stichflammen und Verpuffungen möglich
- ▷ wartungs- und reinigungsintensive Kocher
- ▷ oft Funktionsstörungen bei Tankstellenbenzin

**Faustregel**

12 g Benzin reichen, um 1 l Wasser zum Kochen zu bringen.

☺ Verwenden Sie nach Möglichkeit Reinbenzin (gereinigtes Benzin). Das ist zwar teurer und schwerer zu beschaffen (meist in Baumärkten, im Farben- oder Outdoor-Handel), doch es ist leichter, erzielt den höchsten Heizwert, brennt am saubersten und erspart Ihnen damit schwarze Hände beim Reinigen des Kochers. Sollten Sie auf Tankstellenbenzin ausweichen müssen, dann wählen Sie bleifreies Normalbenzin. Höherwertige Kraftstoffe sind meist mit Zusätzen versetzt, die zwar die Laufeigenschaften von Motoren verbessern, beim Benzinkocher aber eher das Gegenteil bewirken.

## Tipps zur Entscheidung

Welcher Brennstoff der optimale für Ihre Ultraleicht-Küche ist, variiert von Tour zu Tour. Neulinge sollten zunächst **mit Spiritus oder Gas beginnen**. Beide Brennstoffe sind weitverbreitet und sehr einfach in der Handhabung. Holz und Benzin erfordern schon deutlich mehr Erfahrung und Esbit ist im Grunde nur für Einzelpersonen auf kurzen Touren eine echte Alternative.

Spiritus scheidet manchmal allerdings ebenso wie Holz aufgrund der **Waldbrandgefahr** und gesetzlicher Bestimmungen aus. Offene Feuer, Grills und Holzkocher sind in vielen Regionen wegen des drohenden Funkenflugs verboten. Und auf Wanderwegen in den USA beispielsweise erlauben die Behörden teilweise nur Kochsysteme mit Ein-/Ausschalter. Solch einen Schalter gibt es bei Spirituskochern aber nicht.

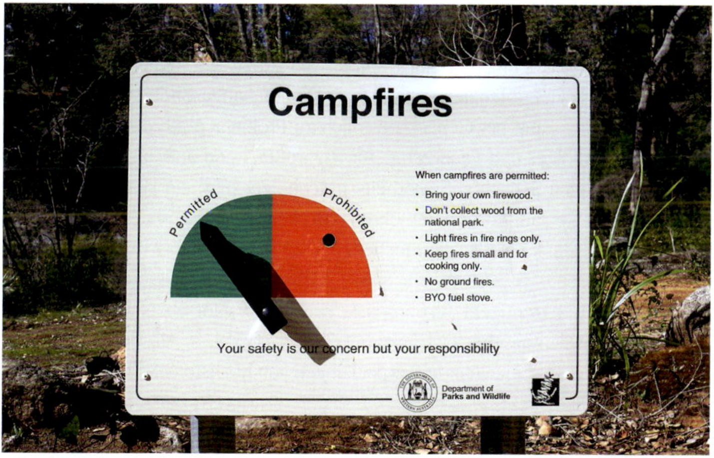


*Brandgefahr: Offene Feuer sind in vielen Gebieten verboten. Hier in Australien war zumindest der Einsatz von Gas- oder Spirituskochern erlaubt*

In Deutschland sind offene Feuer im Wald grundsätzlich verboten! Unter dieses Verbot fallen auch alle Campingkocher für Holz, Spiritus, Gas oder andere Brennstoffe, da sich deren Flamme außerhalb eines geschlossenen Brennraums befindet. In anderen Ländern sollten Sie sich vorab bei den lokalen Forstbehörden erkundigen, was im geplanten Einsatzgebiet erlaubt ist, und sich strikt an etwaige Einschränkungen halten. Beim Outdoor-Sport sind schon oft genug verheerende Brände ausgelöst worden.

Ein weiterer Faktor ist die **Verfügbarkeit des Brennstoffs** vor Ort. Erkundigen Sie sich auch hier vorab, ob beispielsweise die für Ihren Kocher passenden Brennstoffe oder Gaskartuschen überhaupt vor Ort erhältlich sind und wo Sie diese nachkaufen können. Die Verfügbarkeit des Brennstoffs ist insbesondere bei **Flugreisen** relevant, denn hier gilt es, die internationalen **Gefahrgutvorschriften** (💻 www.iata.org) zu beachten:

- ▷ **Brennstoffe** wie entflammbare Gase, Flüssigkeiten und Feststoffe dürfen Sie auf Flugreisen weder im Handgepäck noch im aufgegebenen Gepäck mitnehmen. Sie müssen also Ihren Brennstoff vor Ort kaufen.
- ▷ **Kocher und leere Brennstoffbehälter** dürfen Sie offiziell nur nach Genehmigung des Luftfahrtunternehmens und auch dann nur im aufgegebenen Gepäck mitnehmen. Beides sollten Sie zuvor gut reinigen und lüften, damit keine potenziell brennbaren Dämpfe abgesondert werden, denn auch dies kann bei Gepäckkontrollen zu Problemen führen.
- ▷ **Streichhölzer und Feuerzeug** „für Zigaretten" sind auf Flugreisen erlaubt: Eine kleine Schachtel Sicherheitsstreichhölzer bzw. ein kleines Feuerzeug dürfen Sie „am Körper" mitführen, also beispielsweise in der Hosentasche. Besten Dank an alle, die rauchen!

☺ Mit 70-prozentigem Alkohol lässt es sich zur Not ebenfalls kochen und die Mitnahme alkoholischer Getränke mit 24 bis 70 Vol. % Alkohol ist auf Flugreisen zumindest in Einzelhandelsverpackungen von höchstens 5 l Inhalt durchaus erlaubt.

Legen Sie Wert auf jedes Gramm, dann sollten Sie nach Klärung der Rahmenbedingungen auf jeden Fall eine **Kosten-Nutzen-Analyse** der infrage kommenden Brennstoffe durchführen. Dabei bestimmen Sie anhand folgender Kriterien zunächst den mitzunehmenden Brennstoffvorrat und anschließend das Gewicht Ihrer Outdoor-Küche:

- ▷ Kochwünsche (wie viel Liter kochendes Wasser benötigen Sie pro Tag?)
- ▷ Länge der geplanten Tour
- ▷ Abstand der Orte, wo sich Brennstoff nachkaufen oder deponieren lässt
- ▷ Gewicht des Kochsystems und der Brennstoffbehälter

Eine kleine **Beispielrechnung** für die Entscheidung zwischen Gas oder Spiritus könnte dabei wie folgt aussehen: Als Einzelperson möchten Sie auf Ihrer Wanderung morgens 0,5 l Kaffee trinken. Abends soll mit 0,5 l kochendem Wasser eine Trekking-Mahlzeit zubereitet werden und ein Tee mit weiteren 0,5 l folgen. Sie benötigen somit 1,5 l kochendes Wasser pro Tag. Gehen wir davon aus, dass 15 g Gas oder 30 g Brennspiritus 1 l Wasser zum Kochen bringen, dann ergibt sich ein täglicher Brennstoffbedarf von 22,5 g Gas oder 45 g Spiritus.

Windschutz und Kocher lassen wir in diesem Beispiel der Einfachheit halber komplett außer Acht, denn für beide Brennstoffe können Einzelpersonen auf ähnlich leichte Kochsysteme zurückgreifen (☞ Gaskocher und ☞ Spirituskocher). Ergeben sich unterwegs keine Möglichkeiten zum Nachkauf von Brennstoff, sind ohnehin eher die **Gebindegröße und das Gewicht der Brennstoffbehälter** entscheidend.

*Gebindegröße: Gaskartuschen mit Lindal-Gewinde sind mit drei verschiedenen Füllmengen erhältlich*

Die kleinste Gaskartusche enthält nämlich 100 g Gas und hat ein Leergewicht von etwa 90 g. Das macht zusammen schon stattliche 190 g aus. Bei Spiritus können Sie die benötigte Menge hingegen in eine entsprechend große Flasche umfüllen. Für unsere Beispielrechnung verwenden wir dazu eine Vargo-Brennstoffflasche mit 250 ml Volumen und 28 g Gewicht. Für das **Startgewicht** einer 1- bis 4-Tagestour erhalten wir damit folgende Werte:

| Tage | 1 | 2 | 3 | 4 |
|---|---|---|---|---|
| Gasbedarf | 22,5 g | 45 g | 67,5 g | 90 g |
| Füllung | 100 g | 100 g | 100 g | 100 g |
| Kartusche | 90 g | 90 g | 90 g | 90 g |
| **Gesamtgewicht** | **190 g** | **190 g** | **190 g** | **190 g** |
| | | | | |
| Spiritusbedarf | 45 g | 90 g | 135 g | 180 g |
| Füllung | 45 g | 90 g | 135 g | 180 g |
| Flasche | 28 g | 28 g | 28 g | 28 g |
| **Gesamtgewicht** | **73 g** | **118 g** | **163 g** | **208 g** |

Bis zum dritten Tag ist Spiritus demnach eindeutig die leichtere Lösung. Bei einer 3-Tages-Tour lässt sich diese Bilanz durchaus noch durch die Nutzung bereits angebrauchter Gaskartuschen oder durch das Umfüllen von Gaskartuschen (☞ Gas) ausgleichen. Doch das macht die ganze Sache noch komplizierter.

Bei einer 4-Tages-Tour wären Sie hingegen mit Gas leichter unterwegs. Das ist allerdings nur die halbe Wahrheit, denn bislang haben wir lediglich das Startgewicht betrachtet und nicht das Gewicht, das Sie bei einer 4-Tages-Tour tatsächlich jeden Tag tragen müssen. Schließlich verbrauchen Sie Tag für Tag Brennstoff und müssen diesen am Folgetag schon nicht mehr tragen. Deshalb sollten Sie zusätzlich den **täglichen Brennstoffverbrauch berücksichtigen**, und damit würde sich für eine 4-Tages-Tour folgendes Bild ergeben:

| Tag | 1 | 2 | 3 | 4 |
|---|---|---|---|---|
| (Start-)Gewicht Gas | 190 g | 167,5 g | 145 g | 122,5 g |
| (Start-)Gewicht Spiritus | 208 g | 163 g | 118 g | 73 g |

Am ersten Tag würden Sie bei Ihrer 4-Tages-Tour und bei Verwendung von Spiritus zwar mit einem geringen Mehrgewicht starten, doch am zweiten Tag egalisiert sich dies schon fast und an den Folgetagen wäre Gas stets die schwerere Lösung.

☺ Kalkulieren und vergleichen Sie den Brennstoffbedarf Ihrer Touren am besten in Excel-Tabellen (etwa im Brennstoffkalkulator, 💻 happyhiker.de). Das ist gerade zu Beginn der einfachste Weg zur Entscheidungsfindung. Das durchschnittliche Gewicht der verschiedenen Brennstoffalternativen, gemittelt über alle Tage Ihrer Tour, zeigt Ihnen dabei die leichteste Lösung. Bei besonders langen Touren, auf denen Sie zu Beginn sehr viel Proviant mitnehmen müssen, kann es allerdings durchaus sinnvoll sein, das Gesamtgewicht im Hinblick auf den Tourenstart zu optimieren. In diesem Fall wäre womöglich die Brennstoffvariante mit dem geringsten Startgewicht die bessere Lösung. Später können Sie sich die Rechnerei dann bei vielen Touren sparen und auf Erfahrungswerte zurückgreifen.

# Kocher

Egal mit welchem Brennstoff Sie unterwegs sind, Ihr Kocher sollte leicht, zuverlässig und effektiv sein. Gerade Letzteres lässt sich allerdings nur dann garantieren, wenn Kocher und Topf optimal aufeinander abgestimmt sind.

Kocher mit sehr breitem **Flammenbild** eignen sich beispielsweise nicht für schmale Töpfe, denn ein Großteil der Wärme würde in diesem Fall nicht auf den Topfboden treffen, sondern an den Seitenwänden ungenutzt entweichen. Bei einer derartigen Kombination müssten Sie enorme **Wärmeverluste** und einen erhöhten Brennstoffbedarf in Kauf nehmen. Andere Kochsysteme verfügen vielleicht über zu kleine Topfhalter, auf denen sich ein Topf mit großem Durchmesser gar nicht sicher abstellen lässt.

Bevor Sie beim Kocher eine Kaufentscheidung treffen, sollten Sie sich deshalb nicht nur Gedanken über den geeigneten Brennstoff machen, sondern auch das Kapitel ☞ **Topf** lesen und sich für eine passende Größe und Form entscheiden.

## Gaskocher

Gaskocher sind die Standardlösung in der leichten Outdoor-Küche. Sie sind schnell einsatzbereit und einfach in der Handhabung, gut regulierbar und bereits mit einem Gewicht **ab 25 g** erhältlich.

Prinzipiell lassen sich leichte Gaskocher mit Stech-, Ventil- oder Bajonett- sowie Schraubkartuschen betreiben, die untereinander nicht kompatibel sind. Im Handel sind – zumindest in Mittel-/Nordeuropa sowie Nordamerika – für ernsthaftere Outdoor-Einsätze aber fast nur noch Modelle für Schraubkartuschen mit Lindal-Gewinde anzutreffen.

Der Gaskocher verfügt dabei über ein Ventilgehäuse, das Sie auf das Lindal-Gewinde der Gaskartusche aufschrauben. Ein O-Ring im Ventilgehäuse dichtet das Ganze ab und der Dorn des Kochers öffnet schließlich das Ventil der Gaskartusche. Für den Transport lässt sich der abgekühlte Kocher wieder von der Gaskartusche trennen und gegebenenfalls einzeln verpacken.

☺ Achten Sie darauf, dass der Regelknopf des Kochers beim Anschrauben der Gaskartusche komplett zugedreht ist, um unnötige Brennstoffverluste zu vermeiden. Zudem sollten Sie die Kartusche nur handfest anziehen, da es sonst zu Beschädigungen des Ventils oder Ventilgehäuses kommen kann.

Zum Kochen bringen Sie zunächst die Topfstützen in Position, drehen den Regelknopf des Gaskochers bei **aufrecht stehender Gaskartusche** gegen den Uhrzeigersinn und zünden den Brenner an. Viele Modelle verfügen dazu über einen integrierten **Piezozünder**, andernfalls verwenden Sie Streichhölzer oder ein Feuerzeug. Wenn der Topf auf dem Kocher steht, lässt sich die Größe der Flamme am Regelknopf einstellen. Zum Abschalten des Kochers drehen Sie den Regelknopf einfach wieder bis zum Anschlag nach rechts.

*Aufschraubkocher: Der BRS-3000T (links) wiegt gerade einmal 25 g, der EOE Lithium bringt 44 g auf die Waage*

Im Handel sind Gaskocher verschiedener Bauarten verfügbar, die alle ihre Vor- und Nachteile haben:

- ▷ Gaskocher zum Aufschrauben auf die Gaskartusche
- ▷ Gaskocher mit Schlauchzuleitung
- ▷ Systemkocher mit passendem Topf und meist auch Windschutz

**Aufschraubkocher** sind die mit Abstand leichtesten Gaskocher. Sie werden direkt auf der Gaskartusche befestigt und nutzen diese als Standfuß. Die meisten Modelle verfügen über drei kleine Topfhalter. Kocher mit vier Bügeln sind etwas schwerer, bieten dem Topf allerdings eine bessere Auflagefläche.

Die relativ große Gesamthöhe macht diese Kocher – vor allem bei Wind – recht anfällig fürs Wackeln. Außerdem lässt sich ein ☞ Windschutz bei Aufschraubkochern meist schwerer befestigen und Sie müssen zudem darauf achten, dass kein Hitzestau entsteht und die Gaskartusche dadurch zu warm wird.

**Produktbeispiele mit schmalerem Flammenbild**

- ▷ BRS-3000T, **25 g**, der leichteste Gaskocher für Schraubkartuschen, manuelle Zündung, 💻 amazon.de
- ▷ EOE Lithium, **44 g**, Kocher für tassenförmige Töpfe, manuelle Zündung, 💻 eoe-europe.com, weitgehend baugleich: Fire Maple Hornet FMS-300T
- ▷ MSR Pocket Rocket 2, **73 g**, leistungsstarker Kocher mit Windschutz-Clip, manuelle Zündung, 💻 www.msrgear.com

**Produktbeispiele mit breiterem Flammenbild**

- ▷ EOE Titanium, **48 g**, Kocher für Töpfe bis 2 l Volumen, manuelle Zündung (weitgehend baugleich: Fire Maple FMS-116T Titanium Stove)
- ▷ Snow Peak Litemax Titanium, **56 g**, robuster Kocher mit feiner Regulierung, manuelle Zündung, 💻 snowpeak.com, weitgehend baugleich, aber 4 g schwerer: Kovea Supalite Titanium Stove
- ▷ Soto Windmaster, **67 g**, windstabiler Kocher mit auswechselbaren Topfauflagen, Piezozündung, 💻 sotooutdoors.de

☺ Bei Minustemperaturen sollten Sie nach Möglichkeit spezielles Wintergas verwenden (☞ Gas). Bei Temperaturen unter dem Gefrierpunkt hilft zur Not aber auch ein Fußbad für die Gaskartusche, denn flüssiges Wasser ist wärmer als 0 °C und wärmt die Gaskartusche in diesem Fall. Wenn Sie dann zunächst etwas Wasser erhitzen und dieses zum Fußbad hinzugeben, verstärken Sie den Effekt noch einmal.

**Gaskocher mit Schlauchzuleitung** sind etwas schwerer, zeichnen sich aber durch einen deutlich besseren Stand aus. Da das Gas über eine Schlauchzuleitung von der Kartusche zum Kocher gelangt, lässt sich zudem ein enger und rundum anliegender Windschutz verwenden.

*Gaskocher mit Schlauchzuleitung: Der EOE Palladium zählt mit 98 g zu den leichtesten Modellen*

**Produktbeispiel**

▷ EOE Palladium, 98 g, der leichteste Kocher mit Schlauchzuleitung, manuelle Zündung (weitgehend baugleich: Fire Maple FMS-117T Remote Gas Stove), 💻 eoe-europe.com

Zudem verfügen die meisten Gaskocher mit Schlauchzuleitung über eine zusätzliche **Vorheizschleife**, die bei kräftigeren Minustemperaturen einen Betrieb im Flüssiggasmodus erlaubt. Da das Kartuschengas meist aus einer Butan-Propan-Mischung besteht (☞ Gas), kann es unter kälteren Bedingungen dazu kommen, dass der Butananteil sich bereits verflüssigt hat und bei aufrecht stehender Gaskartusche nicht mehr ausströmt.

In diesem Fall reicht der Propananteil des Gasgemischs aber durchaus zum Anzünden des Kochers. Für den Dauerbetrieb stellen Sie die Gaskartusche dann auf den Kopf, sodass auch das bereits flüssig gewordene Butangas durch die Schlauchleitung fließen kann. Das flüssige Gas wird dann durch die Vorheizschleife am Brennerkopf vorbeigeführt und dabei wieder zum Sieden gebracht.

*Nützlich im Winter: Die Vorheizschleife des Optimus Vega ermöglicht den Betrieb im Flüssiggasmodus*

**Produktbeispiele mit Vorheizschleife**

- ▷ EOE Cobaltum, **146 g**, leichtester Gaskocher mit Vorheizschleife, manuelle Zündung, 💻 eoe-europe.com
- ▷ Kovea Spider, **168 g**, robuster und bewährter Kocher, externe Piezozündung, 💻 kovea.com
- ▷ Optimus Vega, **178 g**, Ganzjahreskocher mit Kartuschenständer für den Flüssiggasmodus, manuelle Zündung, 💻 www.optimusstoves.com

**Systemkocher** sind nicht wirklich ultraleicht, bieten aber eine sehr komfortable und gut aufeinander abgestimmte Komplettlösung inklusive Topf und oft auch mit Windschutz, Pot Cozy und Piezozünder. Zudem verwenden Systemkocher ☞ Töpfe mit Wärmetauscher, was den Wirkungsgrad um bis zu 30 % erhöhen kann, somit Brennstoff spart und das etwas höhere Gewicht zumindest auf längeren Touren wieder ausgleicht.

**Produktbeispiele**

- ▷ Jetboil Stash, **229 g** mit Kartuschenstandfuß, sehr leicht, 0,8-l-Topf ohne Windschutz, manuelle Zündung, 💻 www.jetboil.de
- ▷ MSR Reactor Stove System, **416 g,** 1-l-Topf, Töpfe bis 2,5 l erhältlich, manuelle Zündung, 💻 www.msrgear.com
- ▷ Primus Lite+, **440 g**, gutes Handling und sehr sparsam, 0,8-l-Topf, Piezozündung, 💻 www.primusoutdoor.de

✋ Einige Hersteller geben in ihren Spezifikationen das nutzbare Topfvolumen an, andere wiederum das Gesamtvolumen. Zur besseren Vergleichbarkeit beziehen sich die oben genannten Angaben auf das Gesamtvolumen.

*Komplettsets: Systemkocher wie der Primus Lite+ sind schwerer, aber auch effizienter als Aufschraubkocher*

Die angegebenen Gewichte beziehen sich zudem auf den Systemkocher inklusive Zubehör. Wer Kartuschenstandfuß, Vorrichtungen für den hängenden Betrieb des Kochers oder etwaige Adapter zur Verwendung von anderen Töpfen daheim lässt, kann bei einigen Modellen noch ein paar Gramm sparen. Beim Primus Lite+ machen beispielsweise allein diese drei Komponenten rund 35 g aus und durch findiges Tüfteln wird sicher noch weiteres Einsparpotential entdeckt.

**Fazit:** Für eine Person ist ein Aufschraubkocher mit schmalerem Flammenbild in Kombination mit einem schmalen Topf in Tassenform die leichteste Lösung. Zwei Personen können mit einer derartigen Lösung meist ebenfalls gut auskommen, müssen ihr Essen dann aber nacheinander zubereiten. Auf längeren Touren kann der Einsatz eines Systemkochers sinnvoll sein und im Winter, in sehr windigen oder kalten Regionen sowie bei Verwendung eines größeren Topfes ist ein Kocher mit Schlauchzuleitung und Vorheizschleife die beste Wahl.

☺ Vor dem Beginn Ihrer Tour sollten Sie stets testen, ob die gekauften Schraubkartuschen auch wirklich mit Ihrem Gaskocher funktionieren. Auch wenn die Schraubkartuschen von Coleman, Jetboil, MSR, Optimus, Primus und anderen Herstellern dank des Lindal-Gewindes eigentlich kompatibel zueinander sind, können bereits minimal unterschiedliche Dornlängen der Kocher dafür verantwortlich sein, dass die ein oder andere Schraubkartusche bei Ihrem Kocher trotzdem nicht funktioniert.

## Spirituskocher

Wer unterwegs mit frischen Zutaten richtig kochen will, der ist mit einem Spirituskocher relativ schlecht beraten, denn die Flamme lässt sich kaum regulieren. Wenn Sie allerdings ultraleicht unterwegs sind, dabei nur Wasser für Ihre Trekking-Mahlzeiten erhitzen und etwas Geduld mitbringen, sind Spirituskocher eine ebenso leichte wie kostengünstige Lösung.

Spirituskocher bestehen meist aus einem Brenner, der sich mit einem Fondue-Rechaud vergleichen lässt, und einem zusätzlichen Topfständer. Die einfache Konstruktion dieser Systeme kommt ohne bewegliche Teile, Pumpen oder Schläuche aus, was den Kocher sehr **ausfallsicher und wartungsfrei** macht. Wer sich ein wenig mit Spiritusbrennern auskennt, der kann sogar „on tour" mit einfachsten Mitteln einen Ersatzkocher zusammenbauen (☞ Bauanleitung für Spirituskocher).

Die große Anzahl verschiedener Modelle erschwert allerdings gerade Neulinge die Auswahl des passenden Brenners, denn auch hier bestimmt das Flammenbild die Eignung für die verschiedenen Topfdurchmesser. Prinzipiell lassen sich folgende Grundformen unterscheiden (fertige und selbst gebaute Modelle):

- ▷ **Open Flame Stoves**: Hier verwenden Sie einfach eine niedrige Aluminiumschale als Spiritusbrenner. Selbst die Aluminiumhülle eines Teelichts lässt sich als Open Flame Stove nutzen. Den meist eher kleineren Topf platzieren Sie auf einem zusätzlichen Topfständer.
- ▷ **Super Cat Stove**: Diesen einfachen Spiritusbrenner für Töpfe mit größerem Durchmesser stellen Sie aus einer leeren Aluminium-Katzenfutterdose her. Nach dem Entfernen des Deckels stanzen Sie Löcher in die obere Hälfte der Seitenwände. Der Topf steht direkt auf der Dose.
- ▷ **Fancy Feast Stove**: Dieser Brenner für schmalere Töpfe arbeitet nach dem Dochtprinzip und verfügt über einen integrierten Topfständer. Gebaut wird

er aus einer Aluminiumdose (Fancy-Feast-Katzenfutter), in die eine schmalere, aber höhere Dose ohne Boden hineingestellt wird. Der Raum zwischen den Dosen ist mit einem nicht brennbaren Dochtmaterial (etwa Steinwolle, Kohlefaser-/Graphit- bzw. Carbonfilz) ausgestopft und der Topf steht auf der höheren Dose. Der Spiritus wird über das Dochtmaterial gegossen und angezündet. Was das Material nicht aufnehmen kann, landet zunächst am Dosenboden und wird dann durch die Dochtwirkung nachgeführt.

- ▷ **Open Jet Stove**: Diese Variante arbeitet nach demselben Prinzip wie der bewährte Trangia-Spiritusbrenner (💻 trangia.se). Der Open Jet Stove nutzt eine Doppelwandkonstruktion, in deren Hohlraum der Spiritus zunächst vergast, bevor er durch die Düsen (Jets) am oberen Rand entweicht und verbrennt. Für den Topf wird ein zusätzlicher Topfständer benötigt.
- ▷ **Sideburner Stove**: Diese Variante des Open Jet Stove kommt ohne Topfständer aus, eignet sich aber nur für Töpfe mit größerem Durchmesser. Die Düsen sind hier seitlich angebracht und der Topf wird direkt auf den Brenner gestellt.
- ▷ **Capillary Hoop Stove**: Diese Weiterentwicklung des Open Jet Stove nutzt die Kapillarwirkung und zeichnet sich durch ihr schmales Flammenbild und eine überaus kurze Aufwärmphase aus. Ebenso wie beim Open Jet Stove benötigen Sie auch hier einen zusätzlichen Topfständer.

Für alle, die nicht selbst basteln möchten, sind im Outdoor-Handel neben dem recht schweren Trangia-Spiritusbrenner inzwischen auch einige leichtere Modelle verfügbar. Viele dieser Spiritusbrenner sind aus Titan gefertigt und nahezu unverwüstlich.

**Produktbeispiele**

- ▷ Trail Designs 12-10 Stove, **16 g**, weiterentwickelter Open Flame Stove aus recycelten Aluminiumgetränkedosen, 💻 www.traildesigns.com
- ▷ Trail Designs Kojin Stove, **17 g**, weiterentwickelter Open Flame Stove mit Dochtmaterial
- ▷ Zelph's Stoves Starlyte Burner, **17 g**, verschließbarer Open Flame Stove mit Dochtmaterial, 💻 www.woodgaz-stove.com

- ▷ Toaks Titanium Siphon Alcohol Stove (STV-01), **20 g**, Capillary Hoop Stove mit sehr kurzer Aufwärmzeit, 💻 www.toaksoutdoor.com
- ▷ Vargo Triad Titan, **32 g**, mit integriertem Ständer für breitere Töpfe, auch als Esbit-Kocher geeignet, 💻 vargooutdoors.com
- ▷ Evernew Titanium Alcohol Stove (EBY254), **34 g**, Open Jet Stove mit großem Fassungsvermögen, funktioniert bei schmalen Töpfen ohne Topfständer, 💻 evernew-global.com
- ▷ Vargo Decagon Titan Spirituskocher, **40 g**, standsicherer Sideburner Stove für große Topfdurchmesser
- ▷ EOE Apert Titan Spirituskocher, **46 g**, ähnlich wie der Spiritusbrenner von Evernew, 💻 eoe-europe.com

*Spirituskocher aus Titan: Toaks Titanium Siphon Alcohol Stove, EOE Apert sowie die Modelle Triad und Decagon von Vargo (v. l. n. r.)*

Bei den für viele Spiritusbrenner notwendigen Topfständern sind im Fachhandel ebenfalls verschiedene Modelle erhältlich:

**Produktbeispiele**

- ▷ Evernew Ti Trivet 2 (EBY258), **13 g**, Ständer für Evernew- und Trangia-Brenner, 💻 evernew-global.com

- ▷ Evernew Ti Trivet (EBY253), **16 g**, auch für den Toaks-Brenner geeignet
- ▷ Toaks Stove Frame (FRM-01), **16 g**, Drahtgitterständer aus Edelstahl, 💻 www.toaksoutdoor.com
- ▷ EOE Kyll Ti Topfständer, **24 g**, mit Halterungen für einen Windschutz aus Titanfolie, 💻 eoe-europe.com
- ▷ Toaks Titanium Alcohol Stove Pot Stand (FRM-02), **38 g**, mit zusätzlichem Windschutz

☺ Eine **starke Rußentwicklung** beim Kochen mit Spiritus ist in der Regel auf einen nicht optimalen Abstand zwischen Topfboden und Spiritusbrenner zurückzuführen. Der ideale Abstand liegt meist zwischen 15 und 30 mm. Dann erstrahlt die Flamme nur noch in blauem Licht, während gelbe Flammenanteile glühende Rußpartikel signalisieren. Tritt die Rußentwicklung trotz entsprechenden Flammenbilds und optimalen Topfabstands auf, dann schafft oft das Beimischen von 10 % Wasser Abhilfe.

Neben dem schweren Trangia-Sturmkocher-Set sind inzwischen auch deutlich leichtere **Spiritussystemkocher** erhältlich. Diese Kocher sind genau auf eine bestimmte Topfgröße optimiert und dank eines konusförmigen Windschutzes (Cone), der auch die Seitenwände des Topfes schützt, sehr effizient und ebenso sturmsicher wie das Trangia-System.

Vorreiter bei derartigen Spiritus-Systemkochern ist der US-amerikanische Hersteller Trail Designs, der Kocher in Aluminium- und Titanausführungen fertigt. Mit Vesuv Outdoor und X-Boil gibt es inzwischen aber europäische Alternativen.

**Produktbeispiele**

- ▷ X-Boil FS 90-100 Ultralight Edition, **42 g** (für Töpfe mit 90 bis 100 mm Durchmesser), standsicheres System mit Mehrstoffbrenner und Windschutz, geringes Packmaß, auch für Esbit und Brennpaste, ohne Topf und weiteres Zubehör, 💻 www.x-boil.de
- ▷ Trail Designs Caldera Keg-F Stove System, **200 g**, die leichteste Lösung mit 750-ml-Topf, Deckel, Windschutz, Brenner, Pot Cozy, Brennstoffflasche und einer Transportbox, die sich auch als Tasse nutzen lässt, 💻 www.traildesigns.com

▷ Vesuv Outdoor Titan Windschutz, **171/198g** mit Topf und Brenner, Windschutz (25/32 g) für die separat erhältlichen 0,9/1,3 L Töpfe (ECA252R bzw. ECA253R) und den Spiritusbrenner (EBY254) von Evernew, 💻 www.vesuv-outdoor.eu

▷ Trail Designs Sidewinder Ti-Tri, **327 g**, mit Evernew Titanium Ultra Light 1.3l Pot (ECA253), auch für Esbit und Holz geeignet und für andere Töpfe verfügbar

*Der Trail Designs Sidewinder Ti-Tri mit 1,3-l-Evernew-Topf ist bestens gegen Wind geschützt*

Spirituskocher sind im Gegensatz zu Gas- oder Benzinkochern nahezu geräuschlos, dafür aber deutlich langsamer. Die Brenner benötigen zwar eine gewisse Aufwärmphase, sind ansonsten aber überaus einfach in der Handhabung.

Bei fast allen Spirituskochern geben Sie einfach die voraussichtlich benötigte Spiritusmenge in den Brenner und platzieren dann den Topfständer. Anschließend entzünden Sie den Spiritus – einfacher geht es kaum!

☺ Nehmen Sie einen kleinen **Messbecher** mit, um die benötigte Spiritusmenge genau abzumessen und sich Brennstoffverluste beim Umschütten zu ersparen.

Bevor Sie den Topf auf den Ständer stellen, müssen Sie beim Open Jet Stove, Sideburner Stove und anderen Brennervarianten noch ein wenig warten, bis die **Aufwärmphase** vorüber ist und sich die Flammen an den Düsen zeigen. Wenn Sie den Kocher löschen wollen, bevor der gesamte Spiritus verbrannt ist, dann stülpen Sie einfach einen Becher über den Brenner. Den übrig gebliebenen Spiritus können Sie theoretisch weiterverwenden, allerdings lassen sich die meisten leichten Spirituskocher nicht auslaufsicher verschließen und es ist teilweise nicht einfach, den Brennstoff wieder zurück in die Transportflasche zu füllen.

Sollte die eingefüllte Spiritusmenge einmal nicht für einen Kochvorgang ausreichen, dann lassen Sie den Spiritusbrenner unbedingt abkühlen, bevor Sie weiteren Spiritus nachgießen und den Kocher erneut zünden!

**Fazit:** Im Vergleich zu Gaskochern sind Spirituskocher für Einzelpersonen und Touren von maximal zwei Wochen meist die leichtere Wahl. Bei Paaren gilt dies als Faustregel zumindest für einwöchige Trips. Auf längeren Touren kann der Einsatz eines Spirituskochers ebenfalls Sinn machen, denn den benötigten Brennstoff erhalten Sie selbst in kleineren Orten, in denen Sie Gaskartuschen meist vergeblich suchen.

Reicht ein schmaler, tassenförmiger Topf mit maximal 800 ml, ist der Toaks Titanium Siphon Alcohol Stove mit dem Evernew Ti Trivet eine sehr gute Wahl. Die Kombination ist überaus effizient, bringt Wasser aber nur recht langsam zum Kochen. Wer einen größeren Topf benötigt, der spart durch einen Brenner mit integriertem Topfständer womöglich ein paar Gramm. In jedem Fall ist allerdings ein guter ☞ Windschutz erforderlich und für sehr windige Regionen empfiehlt sich der Einsatz eines sturmsicheren Systemkochers.

☺ Bei kälteren Temperaturen sollten Sie Spiritus vorwärmen, indem Sie die Brennstoffflasche mit unter die Jacke oder in den Schlafsack nehmen. Zudem verkürzt eine kleine Schale, die Sie aus einer Aluminiumdose zurechtschneiden und als Primer Pan verwenden, die Aufwärmzeit des Kochers. Stellen Sie die Primer Pan unter den bereits gefüllten Brenner, geben Sie ein paar Spritzer Spiritus hinein und zünden Sie diesen an, um den Kocher vorzuwärmen.

## Bauanleitung für Spirituskocher

Für einen kostengünstigen Einstieg in die ultraleichte Outdoor-Küche lassen sich Spirituskocher problemlos aus Abfällen bauen, die sonst im Hausmüll landen würden. Das Wissen um den schnellen Bau eines derartigen Kochers kann Ihnen auch dann weiterhelfen, wenn Sie gar nicht mit einem Spirituskocher unterwegs sind und beispielsweise der für Ihren Kocher benötigte Brennstoff nicht vor Ort erhältlich ist.

Selbst gebaute Spirituskocher, auch **Dosenkocher** genannt, sind zudem meist deutlich leichter (etwa **10 bis 15 g**) als entsprechende Modelle aus dem Fachhandel. Als Baumaterial kommen nahezu alle Dosen infrage, die aus Aluminium gefertigt sind: Deo-, Rasierschaum- und Salbendosen sowie Getränkedosen und -flaschen, aber auch die Hüllen von Teelichtern.

☺ Wenn Sie sich nicht sicher sind, ob eine Dose aus **Aluminium** gefertigt ist und auch nicht der entsprechende **Recycling-Code** mit der Nummer **41** aufgedruckt ist, dann hilft der Magnettest. Haftet der Magnet nicht an der Dose, handelt es sich mit großer Wahrscheinlichkeit um eine Aluminiumdose.

**Der Teelichtkocher**

Ganz ohne Basteleien können Sie den Becher eines Teelichts als Spiritusbrenner verwenden. Handelsübliche Teelichter haben allerdings nur einen Durchmesser von 39 mm und eine Höhe von 12 mm. Damit fassen sie maximal 14 ml Spiritus, was zumindest für eine Tasse heißen Tee oder kleinere Mahlzeiten ausreicht. Für längere Brennzeiten verwenden Sie die Becher von Maxi-Teelichtern, die mit Durchmessern von bis zu 59 mm erhältlich sind. Und so geht's:

- ▷ Lassen Sie das Teelicht ausbrennen oder entfernen Sie die Paraffinfüllung.
- ▷ Stellen Sie den Becher des Teelichts auf eine ebene Fläche.
- ▷ Rammen Sie um den Becher drei Zeltheringe in den Boden, sodass sie die Oberkante des Teelichtbechers um etwa 2 cm überragen.
- ▷ Füllen Sie den Teelichtbecher mit Spiritus und entzünden Sie den Brennstoff.
- ▷ Setzen Sie den mit Wasser gefüllten Topf auf die Zeltheringe.
- ▷ Schützen Sie die Flamme durch einen ☞ Windschutz.

500 ml Wasser sollten mit diesem Kocher im Idealfall (bei kleinen Teelichtern nur unter besten Bedingungen und entsprechend hohen Ausgangstemperaturen, etwa im Hochsommer) innerhalb von rund zwölf Minuten kochen. Trotzdem ist ein derartiger Teelichtkocher eher für kurze Touren oder als Notfallkocher geeignet.

☺ Als stabilere Alternative bietet es sich an, den Becher aus einer Deo- oder Rasierschaumdose mit 53 mm Durchmesser zu schneiden. Den Boden der Dose trennen Sie auf einer Höhe von etwa 25 mm vom Rest, um einen Spiritusbrenner zu erhalten, mit dem sich auch Wassermengen von bis zu einem Liter erhitzen lassen. ✋ Die Sprühdosen vorher komplett entleeren!

*Filzkocher mit Topfständer: Der kompakte Spirituskocher wiegt gerade einmal 15 g*

**Der Filzkocher**

Relativ leicht lässt sich auch ein sogenannter Filzkocher bauen, bei dem der Brennraum mit einem hitzebeständigen Nadelfilz ausgelegt wird. Das hat den Vorteil, dass sich der Brennstoff effizienter nutzen lässt und der Brenner nahezu auslaufsicher ist. Wird er aus Versehen einmal umgestoßen, droht somit keine Katastrophe.

Das Schwierigste an diesem Kocher ist mitunter die Beschaffung des hitzebeständigen Filzmaterials, denn am besten eignet sich dazu **Carbonfilz** (*carbon felt*), der auch als Graphit- oder Kohlenstofffilz bezeichnet wird. Das Material kommt unter anderem bei Schweißdecken zum Einsatz, da es Temperaturen von bis zu 3.000 °C standhält.

In kleinen Mengen ist Carbonfilz für Endkunden allerdings kaum erhältlich. Einer der wenigen Anbieter in Deutschland ist Sack&Pack Reiseausrüstungen (💻 www.sackundpack.de). Ersatzweise eignen sich aber auch andere Materialien wie **Keramikwolle** (temperaturbeständig bis etwa 1.400 °C), **Steinwolle** (temperaturbeständig bis etwa 1.000 °C) oder **Glaswolle** (temperaturbeständig bis etwa 700 °C)."

Als Gehäuse reicht ein Becher, wie Sie ihn bereits beim ☞ Teelichtkocher kennengelernt haben. Wesentlich häufiger werden für derartige Kocher allerdings **Kosmetikdosen** aus Aluminium genutzt, die beispielsweise für Lippenbalsam oder Cremes verwendet werden. Dosen mit gut 50 mm Durchmesser und einer Höhe von etwa 25 mm sind auch hier ideal.

☺ Kosmetikdosen mit Schraubgewinde verfügen über eine höhere Stabilität und lassen sich für den Transport auch verschließen.

Haben Sie erst einmal alle Materialien zusammen, dann ist der Bau des Kochers eine Sache von wenigen Minuten:

▷ Messen Sie die Höhe des Innenraums Ihrer Dose.
▷ Schneiden Sie den Carbonfilz mit einem Cutter-Messer in Streifen, deren Breite der gemessenen Dosenhöhe entspricht.
▷ Rollen Sie die Filzstreifen fest auf, bis die Rolle einen Durchmesser hat, der dem Dosendurchmesser entspricht.
▷ Stecken Sie die Filzrolle mit drehenden Bewegungen in die Dose.
▷ Schneiden Sie überstehenden Filz mit dem Cutter-Messer ab.

Handhabung und Kochzeiten des Filzkochers entsprechen weitestgehend denen des Teelichtkochers. Den Brennstoff geben Sie bei diesem Modell allerdings langsam auf die Filzfüllung. Und wenn Sie den Kocher frühzeitig löschen wollen, können Sie ihn einfach ausblasen.

☺ Verfügen Sie über mehrere Kosmetikdosen, dann können Sie mit einem zusätzlichen Dosendeckel einen Simmeraufsatz für eine geringere Brennerleistung bauen. Dazu schneiden Sie einfach ein rundes Loch in den Deckel, dessen Durchmesser beispielsweise gut 1 cm geringer ist als der Durchmesser der Dose. Beim **Simmern** (Köcheln) bleibt das Wasser dann idealerweise knapp unter dem Siedepunkt. Auf diese Weise können Sie Mahlzeiten mit niedrigerem Brennstoffverbrauch garen. Auch die Gefahr des Anbrennens ist geringer.

**Ultraleichter Filzkocher mit Topfständer**

Auf dem Prinzip des Filzkochers aufbauend lässt sich auch aus Getränkedosen ein ultraleichter Spirituskocher bauen. Mit ein wenig Draht versehen Sie diesen auch gleich mit einem integrierten Ständer für kleine Töpfe oder Kochtassen.

Sie benötigen dazu zwei Energydrink-Dosen (200 oder 250 ml, gibt es manchmal z. B. auch als Sekt- oder Eiskaffeedosen) mit einem Durchmesser von 53 mm, etwas Carbonfilz und ein wenig Titandraht mit 1,5 bis 2 mm Durchmesser (ersatzweise den Draht alter Fahrradspeichen):

▷ Schneiden Sie mittig in den Boden der ersten Dose ein kreisrundes, 4 cm großes Loch. Dazu verwenden Sie idealerweise einen Kreisschneider. Es geht aber auch mit einer Nagelschere und einer halbrunden Werkstattfeile:

Schneiden Sie mit der Nagelschere zunächst ein kleines Loch in die Mitte des Dosenbodens und arbeiten Sie sich dann Stück für Stück zum Rand der Dose vor. Auf den letzten 5 mm schneiden Sie nur noch Schlitze bis zur Falz des Dosenbodens. Die Reste des nach innen gewölbten Dosenbodens entfernen Sie dann, indem Sie die eingeschnittenen Aluminiumstücke mehrmals nach oben und unten biegen. Mit der Werkstattfeile entgraten Sie abschließend das Loch.

- ▷ Für die nächsten zwei Arbeitsschritte benötigen Sie die Klinge eines Cutter-Messers und ein dickes Buch. Schieben Sie die Cutter-Klinge in einer Höhe von 5 mm zwischen die Buchseiten und drücken Sie von oben auf den Buchdeckel. Führen Sie nun die zuvor gelochte Dose mit drehenden Bewegungen mehrfach an der Cutter-Klinge entlang, bis der Schnitt tief genug ist und Sie den Dosenboden entfernen können. Sie erhalten dadurch einen Aluminiumring.
- ▷ In gleicher Weise schneiden Sie nun aus der zweiten Dose einen Becher. Dazu legen Sie die Cutter-Klinge allerdings auf einer Höhe von 30 mm in das Buch.
- ▷ Schleifen Sie nun alle Schnittstellen des Bechers und des Rings sauber, damit Sie sich später nicht daran verletzen können.
- ▷ Schneiden Sie den Carbonfilz in 2 cm breite Streifen und kleiden Sie das Innere des Bechers wie beim ☞ Filzkocher beschrieben aus. Drücken Sie den Filz dabei ganz auf den Boden des Bechers.
- ▷ Nehmen Sie nun den Aluminiumring zur Hand. Der ehemalige Boden des Rings sollte dabei nach unten weisen. Drücken Sie den Aluminiumring vorsichtig in den Becher und pressen Sie ihn schließlich fest auf die Filzfüllung.
- ▷ Der Rand des Bechers sollte nun noch knapp 2 mm überstehen. Biegen Sie ihn vorsichtig und Stück für Stück nach innen, so weit es geht. Nehmen Sie anschließend den Holzstiel von einem Speiseeis oder einen hölzernen Schaschlikspieß, um den Dosenrand fest an den Aluminiumring zu pressen.

☺ Wer verhindern will, dass der Carbonfilz aus dem Loch des Dosenkochers austreten kann, der legt zusätzlich ein feines Drahtgewebe (etwa aus einem Pfannenspritzschutz) auf den Filz und setzt erst dann den Aluminiumring ein.

Mit einem zusätzlichen Topfständer wäre Ihr Dosenkocher nun bereits voll einsatzbereit. Wollen Sie Ihren Spiritusbrenner zusätzlich mit einem integrierten Topfständer ausstatten, dann gehen Sie wie folgt vor:

- ▷ Bohren Sie vier Löcher in den Aluminiumring, die dem Durchmesser Ihres Drahtes entsprechen. Bohren Sie zunächst auf der einen Seite des Kochers zwei Löcher im Abstand von gut 2,5 cm. Völlig symmetrisch bohren Sie zwei weitere Löcher auf der gegenüberliegenden Seite.
- ▷ Biegen Sie mit einer Kombizange zwei rechtwinkelige Bügel aus Ihrem Draht. Die Breite dieser Bügel sollte bei rund 4,2 cm liegen – den zuvor gebohrten Löchern entsprechend (☺ sicherheitshalber noch einmal nachmessen!).
- ▷ Führen Sie die Bügel so in die Löcher des Kochers ein, dass sie leicht nach außen zeigen und dadurch die Fläche der Topfauflage vergrößern.
- ▷ Passen Sie abschließend die Höhe der Bügel an. Wählen Sie dabei einen Abstand von 2 cm zwischen Dosenrand und Bügeloberkante. Achten Sie dabei auch darauf, dass beide Bügel exakt dieselbe Höhe haben, damit der Topf auch wirklich gerade darauf steht.

Für einen ersten Testlauf des inklusive Topfständer knapp **15 g** leichten Kochers wählen Sie einen ebenen Untergrund. Sollte das Flammenbild des Kochers im Zusammenspiel mit Ihrem Topf nicht völlig blau sein, dann versuchen Sie es erneut mit einem minimal geringeren Abstand zwischen Dosenrand und Bügeloberkante.

**Weitere Dosenkocher**

Im Internet finden Sie unzählige Bauanleitungen für weitere Dosenkocher. Geht es um den Brennstoffbedarf, dann wird jedoch keines dieser Modelle wesentlich effizienter sein als die hier vorgestellten. Allerdings gibt es einige Modelle, die Ihr Wasser deutlich schneller zum Kochen bringen. Im Idealfall kocht damit ein halber Liter Wasser bereits nach sechs bis sieben statt elf bis zwölf Minuten.

Der Bau dieser Kocher ist allerdings deutlich aufwendiger (siehe beispielsweise 💻 happyhiker.de/dosenkocher-bauanleitung/), da derartige Modelle – ähnlich wie der Trangia-Kocher (☞ Spirituskocher) – meist mit einer Druckkammer arbeiten. Dabei wird der Spiritus während einer Vorwärmphase des Kochers zunächst erhitzt. Der flüssige Spiritus fängt an zu vergasen und füllt dabei die

Druckkammer. Ist der Druck in der Kammer hoch genug, tritt der gasförmige Spiritus schließlich durch kleine Düsen an der Oberkante (Open Jet Stove) oder Seitenwand (Sideburner Stove) der Druckkammer aus und kann dort sehr sauber verbrennen.

Dieses **Vergaserprinzip** hat in der Praxis allerdings auch Nachteile. So lassen sich derartige Spiritusbrenner bei niedrigen Temperaturen deutlich schwerer entzünden als die hier vorgestellten Modelle, bei denen die Filzfüllung als Docht fungiert. Je kälter es ist, desto spürbarer wird der Unterschied.

Wer sich eingehender mit dem Selbstbau sowie den Vor- und Nachteilen der verschiedenen Dosenkocher beschäftigen will, findet hier weitere Informationen:

▷ Zen Backpacking Stoves (💻 zenstoves.net), englische Bastelseite mit umfassendem Überblick über die verschiedenen Bauarten und zahlreichen Tipps

▷ tetkoba's Alcohol Stove Addict (💻 www.youtube.com/user/tetkoba), sehr gute Videoanleitungen zum Bau komplizierterer Kochermodelle

▷ Outdoorseiten.net (💻 www.outdoorseiten.net) und Ultraleicht Trekking (💻 www.ultraleicht-trekking.com), deutsche Outdoor-Foren mit entsprechenden Bastelbereichen

## Esbit-Kocher

*Leichtgewicht: Der Trail Designs Gram Cracker wiegt gerade einmal 3 g*

Esbit-Kocher sind noch simpler aufgebaut als Spirituskocher. Im Grunde reichen zum Kochen mit Brennstofftabletten bereits eine feuerfeste Unterlage und ein passender Topfständer. Allerdings haben diese „Notfallkocher" eine sehr geringe Leistung, da der Brennstoff überaus langsam verbrennt.

Auf kurzen Touren und unter nicht allzu widrigen Umgebungsbedingungen reicht ein derartiger Kocher aber durchaus, um mit einer 14-g-Esbit-Tablette das Wasser für eine Trekking-Mahlzeit zu erwärmen.

**Produktbeispiele**

▷ Trail Designs Gram Cracker, **3 g**, der wohl leichteste Esbit-Kocher, ohne Topfständer, 💻 www.traildesigns.com

▷ Epicurean UL15 Stove, **6 g**, Esbit-Kocher zum Erhitzen oder Simmern (auch zum Backen geeignet) 💻 www.flatcatgear.com

▷ Esbit Trockenbrennstoff-Kocher Titan, **12 g**, für Esbit-Tabletten mit 14 g, mit Topfständer, 💻 esbit.de

Ideen zum Selbstbau eines Esbit-Kochers finden Sie unter 💻 zenstoves.net/SolidFuelBurner.htm, passende Topfständer im Kapitel ☞ Spirituskocher. Der Abstand zwischen dem oberen Ende der Brennstofftablette und dem Topfboden liegt idealerweise zwischen 2,5 und 3,5 cm. Zudem sollten Sie einen passenden Windschutz verwenden, damit Ihr Wasser überhaupt heiß wird.

☺ Wischen Sie die Unterseite des Topfes nach dem Kochen so schnell wie möglich feucht ab, um die klebrigen Rückstände der Brennstofftabletten zu entfernen. Lang angetrocknete Esbit-Rückstände lassen sich mit einem Glasreiniger für Kaminöfen auch ohne Kratzen entfernen.

**Fazit**: Einzelpersonen sollten Esbit-Kocher auf einer Wochenendtour einfach mal ausprobieren. Bei maximal zwei Übernachtungen sind diese ultraleichten Notfallkocher durchaus eine Alternative.

☺ „Wollen Sie den Esbit-Kocher löschen, bevor die gesamte Brennstofftablette verbrannt ist, blasen Sie die Flamme einfach aus. Der Rest der Brennstofftablette lässt sich als Anzünder für ein Lagerfeuer weiterverwenden."

## Holzkocher

Wer mit Holz kochen will, der könnte seine Mahlzeit natürlich am offenen Lagerfeuer zwischen ein paar Steinen zubereiten und sich das Gewicht für einen speziellen Kocher ganz sparen. Lagerfeuer hinterlassen allerdings Spuren. Holzkocher hingegen schonen den Boden bei entsprechenden Vorsichtsmaßnahmen und nutzen auch die Energie deutlich besser.

Der einfachste Holzkocher ist der **Hobokocher**, benannt nach den nordamerikanischen Wanderarbeitern des frühen 20. Jahrhunderts, die Konservendosen als

Kocher nutzten. Das Prinzip derartiger Kocher gleicht den Anzündkaminen zum Entzünden von Grillkohle. Dabei dient eine Konservendose ohne Deckel und Boden gleichzeitig als Brennraum und Topfträger. Das Brenngut liegt auf einem Rost im Innenraum der Dose und Löcher am unteren Rand versorgen das Feuer dank des Kamineffekts ausreichend mit Frischluft.

Moderne Hobokocher aus dem Outdoor-Fachhandel werden meist aus Edelstahl oder Titan gefertigt. Neben den dosenförmigen Kochermodellen haben sich zunehmend **faltbare Stecksysteme** etabliert, die teilweise allerdings eine geringere Standfestigkeit haben.

**Produktbeispiele**

▷ QiWiz FireFly UL Titanium, **76 g**, faltbarer Hobokocher im Kleinstformat, 💻 qiwiz.net

▷ Vargo Hexagon Titan, **122 g**, faltbarer Hobokocher mit Frontklappe, 💻 vargooutdoors.com

▷ Toaks Titanium Backpacking Wood Burning Stove (STV-12), **158 g**, dosenförmiger Hobokocher, passt in den Toaks-POT-750-Topf, 💻 www.toaksoutdoor.com

▷ Bushcraft Essentials Bushbox Titanium, **160 g**, faltbarer Hobokocher aus Deutschland, 💻 www.bushcraft-essentials.com

Etwas schwerer als Hobokocher sind sogenannte **Holzvergaser** (Woodgas Stove), die dafür aber einen höheren Wirkungsgrad haben und bei richtiger Handhabung auch deutlich weniger qualmen. Über eine doppelwandige Konstruktion führen diese Kocher nach der normalen Verbrennung nochmals vorgewärmten Sauerstoff in die Brennkammer. Dadurch lässt sich das unvollständig verbrannte Holzgas (Pyrolysegas) für eine **rauch- und rußärmere Sekundärverbrennung** am oberen Rand der Brennkammer nutzen.

**Produktbeispiele**

▷ Suluk46 Una Stove, **71 g**, wahrscheinlich der leichteste und teuerste Holzkocher mit Doppelwand-Konstruktion, nur per Direktimport erhältlich, 💻 suluk46.com

▷ Bushbuddy Stove, **182 g**, bewährter Edelstahl-Holzvergaser, 💻 bushbuddystove.com

*Holzkocher: Stecksysteme wie bei diesen Bushbox-Modellen von Bushcraft Essentials reduzieren das Packmaß der Hobokocher*

▷ Solo Stove Lite, **256 g**, Edelstahl-Holzvergaser, der in einen 900-ml-Topf passt, 💻 www.solostove.com

☺ Viele Holzkocher lassen sich auch mit einem Spiritusbrenner oder ☞ Esbit als Topfhalter und Windschutz nutzen. Systemkocher für Spiritus (☞ Spirituskocher), die aus Titan gefertigt sind, eignen sich mit entsprechendem Zubehör oft ebenfalls als Hobokocher.

Die Handhabung eines Holzkochers ist im Vergleich zu Gas- oder Spirituskochern etwas gewöhnungsbedürftiger. Zum **Anzünden** eignen sich Birkenrinde, Feather Sticks (Holzstäbchen, an die mit dem Messer kleine Späne geschnitzt sind) oder Holzspäne sowie Wattepads und Esbit. Ist der Zunder entfacht, legen Sie feines, dünnes Brennmaterial nach, bis das Feuer in Gang kommt. Dann ist die Zeit für dickeres Material gekommen: (Fichten-)Zweige und kleine Äste – zur Not tun es aber auch Moos, Borke, Tannenzapfen oder gar trockener Tierdung.

☺ Optimal funktioniert ein Holzkocher mit vergleichsweise **wenig Brennstoff im Brennraum**. Das Holz verbrennt dann sehr heiß und es bilden sich deutlich weniger Rauch, Ruß und Asche.

Während des Betriebs eines Holzkochers müssen Sie regelmäßig Brennstoff nachführen. Nach dem Ende des Kochvorgangs lassen Sie den Kocher einfach ausbrennen. Warten Sie mit dem Abbau auf jeden Fall, bis alle Bauteile ausreichend abgekühlt sind, und entsorgen Sie die Asche so, dass keine Schwelbrände entstehen können.

✋ Leave no trace – hinterlasse keine Spuren! Das gilt insbesondere beim Einsatz eines Holzkochers. Bitte achten Sie darauf, dass der Boden durch eine feuerfeste Unterlage ausreichend geschützt wird (☞ Bodenschutz). Ein Holzkocher gilt zudem als „offenes Feuer", deshalb sollten Sie sich vorab stets über etwaige Waldbrandgefahren und die jeweils geltenden Rechtsnormen informieren (☞ Brennstoff, Tipps zur Entscheidung).

**Fazit:** Holzkocher erfordern etwas mehr Zeit und Erfahrung, können aber gerade auf längeren Touren, die sehr viel Brennstoff erfordern, eine leichte Alternative sein. Besonders interessant sind Holzkocher, wenn sie sich wahlweise mit Holz, Spiritus oder Esbit betreiben lassen.

## Benzinkocher & Multifuel-Kocher

Benzinkocher sind technisch aufwendig gebaut sowie **vergleichsweise schwer** und wartungsintensiv. Die Kocher verfügen über einen Brennkopf mit Düse, der meist durch einen Schlauch mit einem Pumpenkopf verbunden ist. Der Pumpenkopf ist in der Regel mit einer Brennstoffflasche aus Aluminium verschraubt, die als Brennstofftank dient.

Durch den aufwendigeren Aufbau ist auch die Bedienung etwas komplexer: Prinzipiell bauen Sie mit der **Pumpe** zunächst Druck in der Brennstoffflasche auf, damit das Benzin durch die Schlauchzuleitung zum Brenner gelangen kann. Wenn Sie dann kochen wollen, müssen Sie den Benzinkocher erst einmal vorwärmen.

Zum **Vorwärmen** öffnen Sie kurz den Regler des Kochers und lassen etwas Brennstoff in einen Vorwärmfilz am Brenner laufen. Dann schließen Sie den Regler wieder und entzünden das Benzin. Warten Sie nun, bis der Vorheizbrennstoff fast komplett verbrannt ist, und öffnen Sie dann erneut den Regler. Jetzt dauert es meist nur noch ein paar Sekunden, bis sich eine blaue Flamme zeigt, der Flammenverteiler am Brennkopf zu glühen beginnt und der Kocher richtig brennt.

☺ Beim Abschalten des Kochers dauert es nach dem Schließen des Reglers noch 30 bis 60 Sekunden, bis der Brennstoff aus der Schlauchzuleitung komplett verbrannt ist. Rechnen Sie diese Zeit in die Kochzeit mit ein, um Brennstoff zu sparen.

**Produktbeispiele**

▷ MSR Whisperlite International, **320 g** (Kocher + Pumpe), leicht und bewährt, 💻 www.msrgear.com

▷ Soto Muka, **324 g** (Kocher + Pumpe), muss nicht vorgeheizt werden, 💻 sotooutdoors.de

▷ Optimus Nova+, **425 g** (Kocher + Pumpe), standfest und mit kleinem Packmaß, 💻 www.optimusstoves.com

*Benzinkocher: Der Brenner mit Standfuß und Topfständer ist über einen Schlauch mit der Pumpe an der Brennstoffflasche verbunden*

Viele Benzinkocher lassen sich nicht nur mit Benzin, sondern auch mit Kerosin und Petroleum betreiben. Spätestens wenn sich mit dem Kocher auch Diesel als Brennstoff nutzen lässt, spricht der Fachhandel von einem **Multifuel-Kocher**. Und da der Brenner eines Benzinkochers durchaus einem Gaskocher mit Vorheizschleife ähnlich ist, gibt es sogar einige Modelle, die sich auch mit Gas betreiben lassen.

**Multifuel-Kocher mit Gasbetrieb** werden entweder mit einer Schlauchzuleitung geliefert, die sich von der Pumpe trennen und direkt an eine Gaskartusche anschließen lässt, oder sie kommen mit einem speziellen Adapter für den Gasbetrieb. Zudem ist bei einem Wechsel des Brennstoffs auch meist ein **Wechsel der Brennerdüse** erforderlich, was das Mitführen eines kleinen Multifunktionswerkzeugs erforderlich macht. Dies gilt nicht nur für den Wechsel von Benzin auf Gas, sondern auch für Petroleum, Kerosin oder Dieselkraftstoff.

**Produktbeispiele**

- ▷ Edelrid Hexon Multifuel, **312 g** (Kocher + Pumpe), kompakt, aber etwas wacklig, 💻 www.edelrid.de
- ▷ MSR Whisperlite Universal, **320 g** (Kocher + Pumpe), Gaszubehör wiegt etwa 120 g, 💻 www.msrgear.com
- ▷ Primus OmniLite Ti, **328 g** (Kocher + Pumpe), robust, aber pflegeintensiv, 💻 www.primusoutdoor.de
- ▷ Optimus Polaris Optifuel, **474 g** (Kocher + Pumpe), Multifuel ohne Düsenwechsel, 💻 www.optimusstoves.com

Im Vergleich zu Gas- oder Spirituskochern sind Benzin und Multifuel Kocher deutlich **pflege- und wartungsintensiver**. So müssen Sie die Düse im Brennkopf regelmäßig mit einer Reinigungsnadel säubern. Zudem ist nach der Nutzung weniger sauber brennender Kraftstoffe oft auch die Reglerspindel zu reinigen. Der Pumpenkopf benötigt ebenfalls eine Wartung. Hier sollten Sie das Pumpenleder regelmäßig und vor allem nach längeren Lagerzeiten mit Silikonfett abschmieren (unterwegs geht es auch mit Butter).

**Fazit:** Viele Anbieter nennen Benzin- und Multifuel-Kocher auch Expeditionskocher, und genau so sollten Sie sie in der ultraleichten Outdoor-Küche auch einsetzen. Sie machen im Grunde nur für Wintertouren, große Gruppen oder auf sehr langen Touren in Regionen mit extremen Bedingungen oder sehr schlechter Brennstoffversorgung Sinn.

## Tipps zur Entscheidung

Für „normale" Touren (von Frühjahr bis Herbst in gemäßigtem Klima, gelegentliche Nachkäufe möglich) mit ein oder zwei Personen sollten Neulinge – bei entsprechender Verfügbarkeit der Brennstoffe – mit einem Aufschraubgaskocher oder einem Spirituskocher beginnen. Diese Kocher sind recht günstig, nahezu wartungsfrei sowie sicher und einfach in der Handhabung. Zudem sind sie meist die leichteste Wahl.

Ultraleichte Spirituskocher sind im Fachhandel vor Ort zwar nur selten zu finden, lassen sich aber problemlos selbst bauen (☞ Bauanleitung für Spirituskocher). Viele werden einen derartigen Kocher (außer beim Fondue) vielleicht noch nie ausprobiert haben, doch ein Test lohnt sich. Die Kochzeiten sind zwar deutlich länger als bei Gas, doch bei Kurztouren ist Spiritus fast immer der Gewichtssieger und auf längeren Touren abseits der Zivilisation passt der leise Betrieb des Spirituskochers einfach fantastisch zur Ruhe der Landschaft.

Sind Sie oft in sehr stürmischen Regionen oder bei Minustemperaturen unterwegs, dann mag ein Gaskocher mit Vorheizschleife durchaus sinnvoll sein. Dieser wiegt allerdings schon deutlich mehr als ein Aufschraubgaskocher. Wenn Sie beim Kochen ein wenig vorsichtig sind, für ausreichenden Windschutz sorgen und nur bei geringem Frost unterwegs sind, dann sollten Sie auch hier der leichteren Variante den Vorzug geben.

Wer mit Spiritus und Gas bereits erste Erfahrungen gesammelt hat, der kann speziell für längere Touren auch einmal mit Holzkochern experimentieren. Gerade in Verbindung mit einem Spiritusbrenner ergeben sich hier durchaus Möglichkeiten, jede Menge Gewicht beim Brennstoff zu sparen.

Weltreisenden, die nicht genau wissen, welche Brennstoffe vor Ort erhältlich sind, empfehlen viele Fachhändler einen Benzinkocher. Im Grunde macht das aber gar keinen Sinn. Mit einem gebrauchten Benzinkocher werden Sie auf Flugreisen (☞ Brennstoff, Tipps zur Entscheidung) trotz entsprechender Reinigung aufgrund des Geruchs immer wieder Probleme haben. Außerdem ist es deutlich leichter, einen kleinen Gaskocher und einen zusätzlichen Spirituskocher mitzunehmen.

## Topf

Um eines gleich vorwegzunehmen: Ein Topf reicht, schließlich wollen Sie unterwegs ja meist nur Wasser zum Kochen bringen und keine Gourmetküche eröffnen. Bei der Wahl des optimal passenden Topfes sind vor allem folgende Faktoren entscheidend:

- ▷ geplante Gruppengröße
- ▷ Flammenbild und Topfständer des Kochers
- ▷ verwendeter Brennstoff
- ▷ Verhältnis von Gewicht und Volumen
- ▷ Packmaß des gesamten Kochsystems

Wer eine größere Gruppe mit einem 750-ml-Töpfchen bekochen will, der dürfte abends im Camp recht lange beschäftigt sein und wenig Spaß dabei haben. Für zwei Personen kann ein derartiger Topf aber durchaus ausreichend sein.

Ist der Durchmesser des Topfes zu klein, dann steht er womöglich auf manchen Kochern nicht sicher. Ist dann auch noch das Flammenbild des Brenners recht breit, drohen zudem unnötige Wärmeverluste und ein Mehrverbrauch an Brennstoff.

Wollen Sie einen Topf auf dem offenen Feuer verwenden, dann könnten bei fest montierten Griffen die Wärmeschutz-Ummantelungen schmelzen. In diesem Fall wäre ein nicht isolierter Henkel oder eine separate Griffzange die bessere Wahl.

*Sideburner wie der Vargo Decagon eignen sich nur für breitere Töpfe*

Kochen Sie hingegen mit Gas oder Spiritus, dann ist es praktisch, wenn Sie Ihre gesamten Küchenutensilien für den Transport im Topf verstauen könnten. Und last but not least wirkt sich nicht nur das Material des Topfes, sondern auch seine Form auf das Gewicht aus.

## Topfmaterial

Neben dem spezifischen **Gewicht** und der **Stabilität** des Topfmaterials ist für viele in der Outdoor-Küche auch dessen **Wärmeleitfähigkeit** entscheidend. Materialien mit einer hohen Wärmeleitfähigkeit haben den Vorteil, dass sich die Wärme sehr viel besser im gesamten Topf verteilt.

Obwohl der Topfrand nicht mit der Flamme des Kochers in Kontakt kommt, ist er bei einem Aluminiumtopf aufgrund der höheren Wärmeleitfähigkeit wesentlich heißer als bei einem Topf aus Titan. Das hat den Vorteil, dass Ihre Mahlzeiten gleichmäßiger erwärmt werden und nicht so leicht anbrennen. Es hat aber auch seine Nachteile: Wollen Sie Ihren heißen Kaffee beispielsweise direkt aus dem Topf trinken, dann verbrennen Sie sich bei Titan längst nicht so leicht den Mund am Topfrand.

Neben Titan und Aluminium kommen in der leichten Outdoor-Küche aber auch Edelstahl und spezielle Materialkombinationen wie Duossal zum Einsatz:

▷ **Edelstahl** ist zwar überaus pflegeleicht und nahezu unverwüstlich, dafür aber auch sehr schwer und somit für die ultraleichte Outdoor-Küche kaum geeignet. Seine Wärmeleitfähigkeit ist mit rund 15 W/(m*K) relativ gering.

▷ **Aluminium** ist der Klassiker in der Campingküche. Das Material ist sehr leicht und hat mit 235 W/(m*K) eine fast ebenso gute Wärmeleitfähigkeit wie das in Gourmetküchen bevorzugte Kupfer. ☺ Geben Sie unbeschichtete Aluminiumtöpfe daheim nicht in die Spülmaschine – sie können korrodieren!

▷ **Hartanodisiertes Aluminium** oder auch harteloxiertes Aluminium hat eine durch elektrolytische Oxidation erzeugte Schutzschicht auf der Oberfläche. Durch diese kratzfeste und korrosionsbeständige Beschichtung ist es deutlich pflegeleichter.

▷ **Duossal** versucht, die positiven Eigenschaften von Edelstahl und Aluminium zu vereinen. Hier wird unter hohem Druck eine 0,5 mm dicke Aluminium-Außenschicht (leicht) mit einer 0,3 mm starken Edelstahl-Innenschicht (pflegeleicht) verpresst.

▷ **Titan** hat mit 16 W/(m*K) eine ähnlich schlechte Wärmeleitfähigkeit wie Edelstahl. Es ist zwar teurer und schwerer als Aluminium, lässt sich bei gleicher Stabilität aber wesentlich dünner verarbeiten und sorgt damit für ein vergleichsweise geringes Topfgewicht.

Aluminiumgeschirr steht im Verdacht, Erkrankungen wie Krebs und Demenz zu begünstigen. Die Agentur für Gesundheit und Ernährungssicherheit aus Österreich empfiehlt beispielsweise, unbeschichtete Kochgeschirre aus reinem Aluminium nur für kurze Zeit zu verwenden, da bereits bei leicht saurem Wasser mit einer verstärkten Aluminiumabgabe zu rechnen sei.

Einige Hersteller bieten ihre Töpfe auch mit einer Antihaftbeschichtung an. Verzichten Sie darauf! Zum einen wiegen diese Töpfe meist ein paar Gramm mehr und zum anderen werden Sie unterwegs immer mal wieder im Topf herumkratzen und dabei die Beschichtung zerstören.

## Topfform

Kochtöpfe für den Outdoor-Sport gibt es in der schmalen **Tassen- oder Becherform** sowie als breite, **klassische Kochtöpfe**. Die Form des Topfes ist im Zusammenspiel mit dem Flammenbild des Kochers entscheidend für die Effizienz des gesamten Kochsystems. Für die meisten Kocher gilt hier: Je größer der Durchmesser des Topfes, desto besser ist die Wärmeausbeute.

☺ Töpfe mit großem Durchmesser lassen sich unterwegs auch als Schüssel nutzen. Auf langen Touren können sie dann sogar mal zum Wäschewaschen herhalten.

Für schmalere Töpfe spricht hingegen das bessere **Packmaß** und das geringere **Gewicht** bei gleichem Nutzvolumen. Doch warum sind schmale Töpfe bei gleichem Nutzvolumen leichter? Das hat gleich zwei Gründe: Zum einen ist der Deckel im Vergleich zum Topf relativ schwer. Bei einem schmaleren Topf macht sich dies deutlich weniger bemerkbar. Zum anderen haben schmalere Töpfe bei gleichem **Gesamtvolumen** ein höheres **Nutzvolumen**. Im Fachhandel finden Sie in der Regel nur Angaben zum Fassungsvermögen eines Topfes. In einen 750-ml-Topf passt natürlich ein drei viertel Liter Wasser, doch dann ist er randvoll. Wer mit dem vollen Topf hantieren und kochen will, der kann nur deutlich weniger Wasser einfüllen.

In der Regel werden Sie einen gewissen Bereich zwischen Wasseroberfläche und Topfrand ungenutzt lassen, damit nichts überschwappt. Gehen wir davon aus, dass bei schmalen und breiten Töpfen der gleiche Sicherheitsabstand sinnvoll ist, dann hat der schmalere Topf bei gleichem Fassungsvermögen ein größeres Nutzvolumen. Bei gleichem Nutzvolumen wiederum – und das ist für die Wahl des passenden Topfes entscheidend – wäre die Mantel- oder Hüllfläche bei einem breiteren Topf deutlich größer. Der Topf benötigt somit mehr Material und ist deshalb auch schwerer als der schmalere Topf.

## Töpfe mit Wärmetauscher

Systemkocher verfügen meist über einen Topf mit einem integrierten Wärmetauschersystem, das eine höhere Effizienz und kürzere Kochzeiten verspricht. Derartige Töpfe sind inzwischen auch einzeln erhältlich. Sie werden meist auf Gaskochern eingesetzt, lassen sich aber auch in Verbindung mit Spiritus- oder Benzinkochern nutzen.

*Wärmetauscher: Lamellen am Topfboden leiten die Hitze zu den Wänden und erhöhen die Effizienz*

Der ringförmige Wärmetauscher aus Metall ist bei derartigen Töpfen fest am Boden montiert. Die Lamellen des Wärmetauschers **leiten die Hitze besser** zu den Wänden des Topfes. In Kombination mit einem Windschutz soll sich der Wirkungsgrad dadurch um bis zu 50 % erhöhen. Realistischer als derartige Herstellerversprechen sind allerdings Werte von 20 bis 25 %.

Der Brennstoffeinsparung steht das höhere Gewicht und das größere Packmaß des Topfes entgegen, sodass sich solche Töpfe in der ultraleichten Outdoor-Küche eher auf längeren Touren rentieren. Zudem lassen sich die Lamellen des Wärmetauschers bei Verschmutzungen durch Ruß oft nur schwer reinigen.

Wer keinen Systemkocher verwendet, der sollte zudem darauf achten, dass ein Topf mit Wärmetauscher optimal auf den verwendeten Kocher abgestimmt sein muss, da es sonst sogar zu einem erhöhten Brennstoffverbrauch kommen kann. Ist der Brenner beispielsweise zu klein, dann kann der Wärmetauscher die Hitze des Kochers nicht aufnehmen und leitet stattdessen die Wärme des Topfes an die Umgebung ab.

## Deckel- und Topfgriff

Töpfe in Tassen- oder Becherform verfügen meist über integrierte Bügelgriffe, die unterwegs nicht verloren gehen und sich zum Transport platzsparend an die Seitenwände des Topfes klappen lassen. In der Regel sind diese Topfgriffe auch gleich mit einem isolierenden Material ummantelt, damit Sie sich beim Hantieren mit dem heißen Topf nicht die Finger verbrennen.

*Hitzeschutz: Topf- und Deckelgriffe lassen sich mit etwas Silikonschlauch isolieren*

Sollte dies nicht der Fall sein, dann lässt sich eine Wärmeisolierung meist mit Silikonschlauch aus dem Aquaristikbedarf nachrüsten. Hebeln Sie dazu die Griffe vorsichtig aus der Verankerung des Topfes. Schieben Sie dann einen passend dimensionierten Silikonschlauch auf die Bügel und verankern Sie die Griffe wieder am Topf.

☝ Bei Töpfen aus Aluminium werden die Bügelgriffe aufgrund der höheren Wärmeleitfähigkeit deutlich heißer als bei entsprechenden Töpfen aus Titan oder Edelstahl.

Für größere Töpfe benötigen Sie oft eine separate und mit rund **50 g** vergleichsweise schwere **Griffzange**, die in den Topfrand fasst. Sollte Ihre Topfzange zwecks Gewichtseinsparung noch nicht mit Löchern versehen sein, dann spart Ihnen der Griff zur Bohrmaschine zumindest ein paar Gramm. Inzwischen sind aber auch einige leichtere Alternativen im Fachhandel verfügbar:

**Produktbeispiele**

- ▷ Suluk46 Miksa Pot Lifter, ab **3,2 g**, Mini-Griffzange aus carbonfaserverstärktem Kunststoff, 💻 suluk46.com
- ▷ GSI Outdoors Microgripper, **14 g**, Silikonkappe für Daumen und zwei Finger, 💻 gsioutdoors.com
- ▷ Soto Micro Lifter, **14 g**, solide Alugriffzange mit Edelstahl-Drahtbügel, 💻 sotooutdoors.de
- ▷ Trangia Mini Topfzange, **20 g**, gehört zu einem kompletten Kochset mit 700-ml-Topf, 💻 trangia.se
- ▷ Vargo Titanium Pot Lifter, **24 g**, leichte und teure Titangriffzange, 💻 vargooutdoors.com
- ▷ MSR LiteLifter Topfzange, **28 g**, Alugriffzange mit Silikonüberzug, 💻 www.msrgear.com

☺ Wollen Sie auch auf offenem Feuer kochen, ist eine Griffzange oder ein Henkel meist die bessere Wahl. Sollten Sie trotzdem einen Topf mit integrierten Bügelgriffen verwenden, dann sollten diese nicht isoliert sein, da die Ummantelung im Feuer schmelzen würde.

Es geht übrigens auch ganz ohne Griff oder Topfzange: Mit ein wenig Erfahrung und Vorsicht lassen sich Töpfe in Tassen- oder Becherform auch mit einem Handtuch festhalten, das man ohnehin dabeihat. Kochen Sie auf Gas, Spiritus oder Esbit, dann können Sie bei schmalen Töpfen ein oder zwei Silikonarmbänder (Werbeartikel) als Griffschutz unterhalb der Topfkante verwenden.

Wer hingegen auch mal auf offenem Feuer kochen möchte, der bohrt ein paar Löcher unterhalb der Topfkante und nutzt ein leichtes Drahtseil als Henkel. Selbst ein überlanger Löffel, der für fertige Trekking-Mahlzeiten oder beim ☞ Freezer Bag Cooking verwendet wird, kann als Topfgriff herhalten. In diesem Fall versehen Sie den Topf mit zwei Schlitzen unterhalb der Topfkante, durch die Sie dann den Griff des Löffels schieben.

## Topfdeckel

Für Energie und somit Brennstoff und Gewicht sparendes Kochen gehört zwingend ein Deckel auf den Topf. Die meisten Töpfe werden bereits mit einem passenden, aber oft auch recht schweren Deckel geliefert. Für viele kleinere Modelle sind im Online-Handel leichtere Deckel verfügbar und auch für große Tassen, die sich zumindest für Einzelpersonen als Kochtopf eignen, sind im Fachhandel teilweise passende Deckel als Zubehör erhältlich. Zur Not lässt sich ein Topfdeckel aber auch selbst basteln. Dazu bieten sich beispielsweise die Böden von Konserven-, Chips-, Erdnuss- oder Cappuccinodosen an.

Suchen Sie einfach nach einer passenden Dose für Ihren Topf, trennen Sie den Boden heraus und entgraten Sie anschließend die scharfen Kanten. Alternativ verwenden Sie dickere Alufolie oder dünne Alubleche, wie sie beispielsweise bei Einwegservierplatten zum Einsatz kommen. Als Deckelgriff eignet sich ein Stück Korken oder wasserfeste Schnur.

Eine leichte Alternative für schmalere Töpfe ist auch Dauerbackfolie aus Silikon. Schneiden Sie aus dem rund 1 mm starken Material einen Deckel heraus, der Ihren Topf überall um gut 1 cm überragt. Am Ende des Kochvorgangs lässt sich die kleine Silikonmatte zudem als isolierender Griffschutz verwenden.

Und schließlich gibt es auch noch Kochtöpfe mit Schraubdeckel wie den Vargo Bot (💻 www.vargooutdoors.com) mit 700 bzw. 1.000 ml Gesamtvolumen. Diese Töpfe lassen sich durch den Schraubverschluss auch zum Rehydrieren von getrockneten Nahrungsmitteln oder zum Transport von Flüssigkeiten verwenden. Zum Kochen wird der Deckel abgeschraubt und umgedreht auf den Topf gelegt.

## Tipps zur Entscheidung

Für die Zubereitung von Trekking-Mahlzeiten sind meist weniger als 500 ml heißes Wasser erforderlich. Ein Topf in Becherform mit rund **600 bis 750 ml Gesamtvolumen** ist deshalb völlig ausreichend. Wer zu zweit unterwegs ist, kocht seine Mahlzeiten dann einfach nacheinander.

Beim Material bringt das teurere **Titan** im Vergleich zu Aluminium meist einen deutlichen Gewichtsvorteil. Ein Beispiel: Das Snow-Peak-Mini-Solo-Kochset gab es lange Zeit in völlig identischen Titan- und Aluminiumausführungen. Topf und Deckel des Sets wiegen 156 g in der Aluvariante, in der Titanausführung aber lediglich 102 g – das bedeutet eine Gewichtsersparnis von rund 35 %!

Noch mehr Gewicht sparen Sie, wenn Sie beim Kauf des Topfes auf möglichst **dünn verarbeitetes Titan** achten. Die Ultralight-Serie des japanischen Herstellers Evernew (💻 evernew-global.com) und die Light-Serie von Toaks (💻 www.toaksoutdoor.com) haben beispielsweise nur eine **Materialstärke** von 0,3 mm und sind

*Schraubdeckel: Der Topfdeckel des Vargo Bot 700 lässt sich mit dem Topf verschrauben und erlaubt so auch den Transport von Flüssigkeiten*

damit noch einmal rund 20 % leichter als Titantöpfe mit den sonst üblichen 0,4 mm. Trotzdem ist die Stabilität des Topfes durch Sicken (Vertiefungen) am Topfrand und im Boden auch bei größeren Modellen gewährleistet.

Wer trotz all dieser Vorteile einen Aluminiumtopf mit besserer Wärmeleitfähigkeit bevorzugt, sollte wenigstens einen Topf aus hartanodisiertem Aluminium wählen, da diese deutlich pflegeleichter sind.

Zudem sind viele Töpfe mit Kleinigkeiten ausgestattet, die Ihnen ohne Mehrgewicht das Kochen erleichtern. Neben einem **Ausgießer** ist dabei vor allem eine eingestanzte **Milliliterskala** recht nützlich. Diese sollte beim Abmessen der benötigten Wassermenge auf der Innenseite des Topfes ablesbar sein.

Verfügt der Topf nicht über eine derartige Skala, dann lassen sich entsprechende Markierungen nach dem Auslitern auch mit einem Dremel vorsichtig in die Topfwand ritzen. Alternativ versehen Sie den Stiel Ihres Löffels mit entsprechenden Kerben, um ihn als „Messlatte" einzusetzen.

Zu guter Letzt sollten Sie darauf achten, dass der Topf ausreichend groß ist, um beim Transport auch mal eine kleine Gaskartusche darin zu verstauen. Das reduziert das **Packmaß** und damit auch das Gewicht Ihrer Gesamtausrüstung. Gaskartuschen mit 100 g Füllmenge haben einen Durchmesser von etwa 90 mm

*Kompaktes Packmaß: Beim Systemkocher Primus Lite lässt sich eine kleine Gaskartusche mit aufgeschraubtem Brenner im Topf verstauen*

und eine Höhe von 75 mm, die größeren Kartuschen haben rund 110 mm Durchmesser.

Richtig komfortabel wird es, wenn der Topf zudem ausreichend hoch ist, um die Gaskartusche auch mit aufgeschraubtem Kocher darin zu verstauen. Das erspart Ihnen unterwegs die tägliche Montage, bei der auch immer ein wenig Gas entweicht.

Die folgenden Produktbeispiele helfen Ihnen bei der Auswahl eines passenden Titantopfs mit bis zu 750 ml Volumen. Das angegebene Volumen bezieht sich dabei stets auf das Fassungsvermögen des Topfs, das Nutzvolumen ist etwas geringer.

Hinter der Volumenangabe finden Sie zudem eine Kennzahl zum Verhältnis von Fassungsvermögen und Gewicht – ein höherer Wert steht dabei für einen verhältnismäßig leichten Topf. Soweit nicht anders angegeben, verfügen alle aufgeführten Töpfe über integrierte Bügelgriffe.

**Produktbeispiele für Töpfe bis 750 ml**

▷ Toaks 750ml (POT-750-NH), **79 g**, 750 ml (9,49 ml/g), ohne Griff, 💻 www.toaksoutdoor.com

▷ Evernew Titanium Cup 760FD (EBY270R), **82 g**, 760 ml (9,27 ml/g), mit Deckel Evernew EBY280, 💻 evernew-global.com

▷ Toaks Light 550ml (POT-550-NH), **62 g**, 550 ml (8,87 ml/g), ohne Griff

▷ Toaks Light 650ml (POT-650-L), **80 g**, 650 ml (8,13 ml/g)

▷ Evernew Ti Pasta Pot S (ECA521R), **95 g**, 750 ml (7,89 ml/g)

▷ Toaks Light 550ml (POT-550-L), **72 g**, 550 ml (7,64 ml/g)

▷ Evernew Ti Mug Pot 500 (ECA266R), **75 g**, 550 ml (7,33 ml/g)

▷ Toaks 750ml (POT-750), **103 g**, 750 ml (7,28 ml/g)

- ▷ Esbit Titan-Topf PT750-TI, **110 g**, 750 ml (6,82 ml/g), 💻 esbit.de
- ▷ Evernew Ti Ultra Light Deep Pot S (ECA264R), **95 g**, 640 ml (6,74 ml/g), fasst zwei Gaskartuschen
- ▷ Vargo Ti-Lite 750 Mug, **117 g**, 750 ml (6,41 ml/g), 💻 vargooutdoors.com
- ▷ Snow Peak Trek 700 (SCS-005T), **136 g**, 700 ml (5,15 ml/g), 💻 snowpeak.com
- ▷ Vargo BOT 700, **138 g**, 700 ml (5,07 ml/g), mit wasserdichtem Schraubdeckel

Die Töpfe bis 750 ml haben alle einen Durchmesser von 95 bis 100 mm, sodass sich mindestens eine kleine Gaskartusche darin verstauen lässt. Für Wintertouren, bei denen Sie zur Trinkwassergewinnung auch Schnee schmelzen müssen, sowie für größere Gruppen, Kocher mit breitem Flammenbild und mehr Komfort bei entsprechendem Mehrgewicht eignen sich die folgenden Töpfe mit einem Fassungsvermögen zwischen 1 und 2 l:

**Produktbeispiele für Töpfe ab 1.000 ml**

- ▷ MSR Big Titan Kettle, **182 g**, 2.000 ml (10,99 ml/g), ⌀ 150 mm, 💻 www.msrgear.com
- ▷ Evernew Ti Ultra Light Pot #3 (ECA253R), **130 g**, 1.300 ml (10 ml/g), ⌀ 150 mm, 💻 evernew-global.com
- ▷ Toaks 1300ml (POT-1300), **133 g**, 1.300 ml (9,77 ml/g), ⌀ 130 mm, 💻 www.toaksoutdoor.com
- ▷ Toaks 1350ml (POT-1350), **148 g**, 1.350 ml (9,12 ml/g), ⌀ 145 mm
- ▷ Evernew Ti Pasta Pot M (ECA522R), **116 g**, 1.000 ml (8,62 ml/g), ⌀ 125 mm
- ▷ Toaks 1600ml (POT-1600), **194 g**, 1.600 ml (8,25 ml/g), ⌀ 145 mm
- ▷ Toaks 1100ml (POT-1100), **136 g**, 1.100 ml (8,09 ml/g), ⌀ 115 mm
- ▷ Vargo 1,3 Liter Titanium Pot, **168 g**, 1.300 ml (7,74 ml/g), ⌀ 145 mm, 💻 vargooutdoors.com

Eine gute Auswahl an – meist schwereren – Aluminiumtöpfen bieten beispielsweise Primus mit der LiTech-Serie, Sea To Summit mit den Alpha Pots sowie der schwedische Hersteller Trangia. Letzterer hat neben Modellen aus klassischem und hartanodisiertem Aluminium auch Töpfe mit Antihaftbeschichtung sowie aus Duossal im Programm.

www.primus.eu, www.seatosummit.com, www.trangia.se

# Zubehör

Ein Topf und ein Kocher mit passendem Brennstoff reichen bereits zum Kochen. Zubehör wie ein Windschutz, ein Hitzereflektor und ein Pot Cozy können den Brennstoffverbrauch aber noch einmal drastisch reduzieren. Zudem benötigen Sie auch noch ein paar Kleinigkeiten wie ein Feuerzeug oder Geschirr und Besteck.

## Windschutz

Für ein möglichst Brennstoff sparendes Kochen ist neben einem Topfdeckel vor allem ein ausreichend dimensionierter Windschutz erforderlich. Esbit- und Spirituskocher sowie Gas- und Benzinkocher mit Schlauchanschluss lassen sich besonders gut mit einem rundum aufgestellten Windschutz schützen.

Bei Gaskochern zum Aufschrauben müssen Sie allerdings darauf achten, dass keine Wärmestaus entstehen und die Hitze des Brenners die Gaskartusche nicht zu sehr aufheizt. Gaskartuschen können bei Temperaturen über 50 °C platzen (☞ Gas), deshalb kommt hier meist ein Windschutz zum Einsatz, der an der windabgewandten Seite geöffnet ist.

☺ Versehen Sie die Gaskartusche mit einem Hitzeschutz. Nutzen Sie dazu beispielsweise ein kreisförmig zugeschnittenes Stück Graphitfilz (carbon felt) mit einem Loch für den Ventilanschluss in der Mitte und platzieren Sie dieses zwischen Brenner und Gaskartusche.

Systemkocher sind in der Regel schon mit einem integrierten Windschutz ausgestattet, aber auch Schlauchkocher werden oft mit einem passenden Windschutz geliefert. Meist besteht dieser aus dünnem **Aluminiumblech**, das sich für den Transport rollen oder falten lässt.

Ein derartiger Windschutz lässt sich auch aus (vielleicht noch vorhandenen alten) Einwegservierplatten herstellen. Bügeln Sie die Servierplatten mit einem Nudelholz platt und schneiden Sie dann mit einer Haushaltsschere den Windschutz heraus. Dieser sollte von der Länge her etwas größer sein als der Umfang Ihres Topfes, denn der Abstand zwischen Topf und Windschutz beträgt im Idealfall gut

1 cm. Die schmalere Seite des Windschutzes sollte beim Kochen bis knapp unter den Topfrand reichen, um die Wärme möglichst lange an den Topfwänden entlangzuführen. Am unteren Ende stanzen Sie schließlich mit einem Locher aus dem Bürobedarf eine Reihe Löcher für die Luftzufuhr.

*Steckbar: Dieser selbst gebaute Windschutz aus einer Einwegservierplatte ist für Aufschraubkocher geeignet*

Deutlich leichter und bei nicht allzu widrigen Bedingungen ebenfalls absolut ausreichend ist ein Windschutz aus **Aluminiumfolie**. Falten Sie die Haushaltsfolie einfach zwei oder drei Mal, und schneiden Sie dann ein passendes Stück zurecht. Um eine bessere Stabilität zu erreichen, sollten Sie die Längsseiten noch ein weiteres Mal um 5 bis 10 mm umfalten.

Eine Alternative zur Aluminiumfolie ist hauchdünne **Titanfolie** aus dem Outdoor-Fachhandel. Ein derartiger Windschutz wiegt meist nur 15 bis 20 g.

Bei einer Materialstärke von gerade einmal 0,03 mm sind die Kanten der Titanfolien sehr scharf, deshalb sollten Sie auch hier zur Sicherheit die Seiten um 5 bis 10 mm umfalten.

**Produktbeispiele**

▷ Toaks Titan Windschutz, **16 g**, 12 x 58 cm große Titanfolie, www.toaksoutdoor.com

▷ EOE Bulbul Titan Windschutz, **18 g**, 16 x 65 cm große Titanfolie, eoe europe.com

▷ Evernew Ti Wind Shield (EBY246), **18 g**, 124 mm Durchmesser, universell einsetzbar, evernew-global.com

▷ Lixada Titan-Windschutz, **23g**, für Dosenkocher geeignet, zwei zusammensteckbare Platten, www.amazon.de

☺ Zwei kleine Büroklammern helfen Ihnen, den Windschutz zu einem stabilen Ring zu formen, der sich nicht ständig öffnet.

Eine komfortable, aber recht schwere Lösung für Aufschraubgaskocher ist der Optimus-Clip-On-Windschutz (**87 g**) aus hartanodisiertem Aluminium. Dieser aufsteckbare Windschutz passt auf EN417-kompatible Gaskartuschen und für Töpfe mit einem Durchmesser von bis zu 110 mm. Deutlich leichter sind die Ocelot Windscreens von Flat Cat Gear (**28 g**), die speziell auf den jeweiligen Brenner angepasst sind.

Zudem sind im Outdoor-Fachhandel für einzelne Kocher recht unterschiedliche Speziallösungen verfügbar. Selbst wenn Sie nicht über den entsprechenden Kocher verfügen, können Ihnen die folgenden Produktbeispiele durchaus als Anregung für eigene Bastelprojekte dienen.

**Produktbeispiele**

▷ Soto Windschutz, **19 g**, passt auf den Soto Micro Regulator, 💻 sotooutdoors.de

▷ Snow Peak Giga Power Windscreen, **58 g**, passt auf den Snow Peak Giga Power, 💻 snowpeak.com

▷ GSI Outdoors Pinnacle Soloist Windscreen, **71 g**, passt auf den Pinnacle Canister Stove, 💻 gsioutdoors.com

☺ Bei starkem Wind hilft es, wenn Sie die Apsis im Windschatten des Zeltes zum Kochen nutzen oder beispielsweise einen Trekking-Schirm als zusätzlichen Windschutz verwenden.

## Bodenschutz und Hitzereflektor

„Gut geht, wer ohne Spuren geht“, hat schon Laotse gesagt. Deshalb ist vor allem beim Einsatz eines Holzkochers ein ausreichender Schutz des Untergrunds unerlässlich. Doch auch bei anderen bodennahen Kochsystemen macht ein Bodenschutz Sinn, denn er kann – ebenso wie der Windschutz – gleichzeitig als Hitzereflektor dienen und somit die Effizienz steigern. Ein Bodenschutz oder Hitzereflektor ist schnell gebastelt. Sie verwenden dazu am besten dünnes Edelstahl-, Titan- oder auch Aluminiumblech. Zur Not tut es auch der Weißblechboden einer leeren Konservendose. Schneiden Sie einfach ein kreisrundes Stück aus dem Material heraus, dessen Durchmesser etwas größer ist als der Durchmesser des Windschutzes. Bei einem Holzkocher ist ein derart einfacher Bodenschutz allerdings nicht ausreichend. Hier sollten Sie auf jeden Fall zu Edelstahl-, Titan- oder Weißblech greifen und zusätzlich eine Matte aus hitzebeständigem Graphitfilz (carbon felt) unterlegen (☞ Bauanleitung für Spirituskocher).

☺ Sollten Sie keinen Bodenschutz dabeihaben, dann platzieren Sie den Kocher zumindest auf einem festen Untergrund (Felsen), um eine Beschädigung des Bodens zu vermeiden.

## Pot Cozy

Kennen Sie noch Omas alten Kaffeewärmer? Das war so eine Art Mütze, die man früher als isolierende Hülle über die Kanne stülpte, um den Kaffee länger warm zu halten. Diese Technik sollten Sie sich auch unterwegs zunutze machen, indem Sie einen sogenannten **Pot Cozy** als Topfwärmer einsetzen.

*Pot Cozy: Der lose aufliegende Deckel des Topfwärmers lässt sich mit einem Stein oder der Gaskartusche gegen Wind sichern*

Ein leichter Pot Cozy spart im Vergleich zum Eigengewicht ein Vielfaches an Brennstoff. Er vermeidet unnötige Kochzeiten bei Fertiggerichten und hält Ihre Mahlzeiten oder Heißgetränke länger warm. Zudem lässt sich ein Pot Cozy als schützende Transporthülle für den Topf verwenden.

☺ Ein Pot Cozy lässt sich nicht nur als Topf-/Tassenüberzug einsetzen, sondern auch als Wärmetasche für die Packbeutel handelsüblicher ☞ Trekking-Mahlzeiten oder das ☞ Freezer Bag Cooking. Im Handel sind diese Wärmetaschen beispielsweise als Thermo Pocket von Gram-counter Gear erhältlich (34 g, 💻 www.gram-countergear.co.uk). Für den Selbstbau eignen sich alubedampfte Luftpolsterfolie, Klebeband und ein Klettverschluss.

Im deutschen Outdoor-Handel ist ein Pot Cozy nur selten und nur für einige wenige Töpfe verfügbar. Der praktische Topfwärmer lässt sich aber sehr leicht selbst bauen. Als Material eignen sich Reste einer dünnen Evazote-Liegematte oder Thermofolien für Autoscheiben, die aus (idealerweise beidseitig) alubedampfter Luftpolsterfolie bestehen.

Schneiden Sie zunächst einen kreisrunden Boden passend für Ihren Kochtopf zurecht. Beim Zuschnitt der Seitenwand sollten Sie die Höhe des Pot-Cozy-Bodens mitberücksichtigen und zudem etwa 1 cm Höhe zugeben. Die leicht erhöhte Seitenwand des Topfwärmers erschwert später das Verrutschen des Pot-Cozy-Deckels und dichtet die Übergänge besser ab.

Die Evazote-Matten verschweißen Sie dann mit einer heißen Messerklinge, die Sie beispielsweise über einer Kerzenflamme erhitzen. Sehr dünne Matten lassen sich auch vernähen. Thermofolien kleben Sie hingegen mit hitzebeständigem Aluminiumklebeband zusammen, das als Karosserie-Tape ebenfalls beim Autozubehör zu finden ist.

Sollte der verwendete Topf über fest montierte Bügelgriffe verfügen, dann schneiden Sie zum Schluss einfach im entsprechenden Abstand zwei Schlitze in den Pot Cozy. Die nun entstandene Lasche lässt sich mit einem Stück Klettband auch eng am Topf anliegend fixieren.

## Zünder

Feuer? Schnipp, und schon brennt die Zigarette. Ein Feuerzeug ist für alle, die ab und an zum „Glimmstängel" greifen, selbstverständlich, doch in Australien begegneten uns tatsächlich Leute, die selbst auf einer tausend Kilometer langen Wanderung dicke Streichholzschachteln nutzten. Dabei gibt es zum Anzünden des Kochers zuverlässigere und leichtere Alternativen:

- ▷ Feuersteinzünder
- ▷ Piezozünder
- ▷ Magnesiumfeuerstahl
- ▷ Feuerzeuge

## Feuersteinzünder

Der **9,5 g** leichte Vargo Titan Flint Lighter (💻 www.vargooutdoors.com) funktioniert wie ein klassisches Reibfeuerzeug, kommt aber ohne Gas aus. Der Feuerstein des Funkenschlägers ist auswechselbar, doch das Handling und der Preis sind etwas gewöhnungsbedürftig.

## Piezozünder

Diese Zünder nutzen den piezoelektrischen Effekt zum Produzieren eines Funkens und eignen sich für flüssige und gasförmige Brennstoffe. Piezozünder kommen in Feuerzeugen zum Einsatz und sind in einigen Gaskochern ebenfalls schon fest eingebaut.

**Produktbeispiele**

▷ MSR Piezo Igniter und Kovea Igniter, **13 g**, 💻 www.msrgear.com und kovea.com
▷ Optimus Sparky Piezo, **14 g**, 💻 www.optimusstoves.com

✋ Piezozünder funktionieren in Höhen ab 2.500 m ü. NN nicht mehr zuverlässig (☞ Feuerzeuge).

## Magnesiumfeuerstahl

Hier ziehen Sie einen Schaber oder Messerrücken im Winkel von 30 bis 45 °C mit Druck und Tempo über einen Magnesiumstab, um Funken zu erzeugen. Nachteil: Der Umgang mit einem sehr kleinen und erträglich leichten Feuerstahl will durchaus gelernt sein. Dafür arbeitet der Feuerstahl aber auch bei schlechten Witterungsverhältnissen sehr zuverlässig.

**Produktbeispiele**

▷ Magnesiumfeuerstahl ohne Griff, ab **1,5 g**, kein Schaber, 💻 firesteel.com
▷ Gram-Counter Gear Mini-Firesteel, **12 g**, inklusive Schaber, 💻 www.gram-countergear.co.uk
▷ Light My Fire Swedish FireSteel BIO scout 2in1, **28 g**, inklusive Schaber, 💻 lightmyfire.com
▷ EOE Myna Zündstahl, **29 g**, inklusive Schaber, 💻 eoe-europe.com

☺ Tortoise (💻 tortoisegear.com) hat über die Crowdfunding-Plattform Kickstarter einen Mini-Feuerstahl finanziert, der sich als Notlösung eignet und statt des Zahnstochers in das Schweizer Taschenmesser integriert wird. Der Firefly genannte Feuerstahl ist über die Website des Herstellers in zwei Größen verfügbar.

*Das kleine BiC mini J25 wiegt nur 11 g und sollte sicherheitshalber auch zur Ausrüstung zählen, wenn der Kocher einen eigenen Piezozünder hat*

### Feuerzeuge

Hier kommen vor allem Modelle mit Feuerstein und Reibrad oder mit Piezozünder infrage. Für Letztere gelten bei großen Höhen dieselben Einschränkungen wie für Piezozünder, auch wenn einzelne Hersteller eine sturmsichere Flamme bis 3.500 Höhenmeter zusichern.

In der ultraleichten Outdoor-Küche sind insbesondere kleinere Einwegmodelle wie das rund **11 g** leichte BiC mini J25 (💻 www.bicworld.com) mit Reibrad gefragt. Es ist günstig, leichter als alle anderen Lösungen und reicht für bis zu 1.450 Zündungen.

☺ Nehmen Sie sicherheitshalber stets ein zweites Feuerzeug mit und bewahren Sie beide Zünder getrennt voneinander auf. Funktionsstörungen aufgrund von Nässe und Feuchtigkeit sind nie auszuschließen und Feuermachen auf Steinzeitart ist mühseliger, als Sie denken.

## Messbecher

Bei Verwendung eines Spirituskochers hilft Ihnen ein kleiner Messbecher für Mengen von 10 bis 30 ml, genau die passende Menge Brennstoff in den Kocher zu füllen. Bestens geeignet für diese Fälle sind beispielsweise Hustensaft-Dosierbecher (etwa **2 g**) aus weichem Kunststoff (PE oder PP).

Wer oft mit zittrigen Händen zu kämpfen hat, dem bietet sich mit einer Einwegkunststoffspritze (etwa **6 g**) eine noch genauere Alternative, mit der kein Brennstoff mehr verschüttet wird. Spritzen mit bis zu 10 ml Volumen passen auch noch problemlos durch die Öffnung handelsüblicher PET-Flaschen.

Noch leichter geht es, wenn Sie den Spiritusbrenner selbst zum Messbecher machen. Bei vielen Modellen ist es möglich, nach dem Auslitern mit einem Dremel entsprechende Markierungen an der Innenseite des Brenners anzubringen.

## Messer und Besteck

*Kleinste Modelle wie das Opinel No. 2 (5 g) oder das rote Victorinox Classic SD (21 g) reichen völlig*

Das gute alte Fahrtenmesser kann und sollte getrost zu Hause bleiben. Schließlich wollen Sie vermutlich weder Bäume fällen noch frisch erlegte Kaninchen ausnehmen. Ein Mini-**Taschenmesser** reicht vollkommen, denn es kommt ohnehin seltener zum Einsatz, als viele glauben.

Die meisten öffnen unterwegs mit ihrem Messer nur widerspenstige Verpackungen, schneiden mal ein Stück Käse und Salami auf oder trennen lästige Etiketten aus der Wäsche.

**Produktbeispiele**

- ▷ Opinel No. 2 Carbon, **5 g**, 35 mm-Kohlenstoffstahlklinge, Buchenholzgriff, die wohl leichteste Lösung; etwas größer ist das Opinel No. 5 Carbon, **13 g**, 60 mm Klingenlänge (beide Modelle auch mit Edelstahlklinge erhältlich). 💻 www.opinel.com
- ▷ Filmam Douro Pequena, **8 g**, 41-mm-Edelstahlklinge, Buchenholzgriff, Lederscheide, 💻 www.filmam.com
- ▷ Deejo Naked, **15 g**, 60-mm-Edelstahlklinge mit Sicherheitssperre, 💻 www.deejo.de

▷ Schweizer Taschenmesser mit 40-mm-Edelstahlklinge: Victorinox Escort (**16 g**), Victorinox Rally (**21 g**) mit Kapselheber fürs Bier und Victorinox Classic SD (**21 g**), dank Pinzette, Schere und Nagelfeile auch als Maniküreset nutzbar, 💻 www.victorinox.com

▷ Gerber Ultralight LST, **17 g**, 50-mm-Edelstahlklinge, mit Klingenarretierung, 💻 www.gerbergear.com

☺ Nicht rostfreie Klingen aus Kohlenstoffstahl sind zwar etwas pflegebedürftiger (gut abwischen und abtrocknen), dafür aber leichter, schärfer und einfacher nachzuschleifen. Die Klingen bekommen mit der Zeit allerdings eine völlig unbedenkliche Patina.

Wenn Sie nicht mit den Fingern essen möchten, dann brauchen Sie natürlich auch Besteck. Messer und **Gabel** werden Sie dabei meist nicht benötigen, denn in Trekking-Mahlzeiten ist selten ein dickes Schnitzel versteckt. Was bleibt, ist der **Löffel** als unschlagbare Allroundwaffe.

Löffel gibt es im Outdoor-Handel aus Kunststoff, Aluminium oder Titan und in den unterschiedlichsten Ausfertigungen: klappbar, um sie platzsparend zu verstauen, mit kurzem, normalem oder extra langem Stiel sowie als **Spork** mit kleinen Gabelspitzen am Löffel.

Sporks (Kunstwort aus **Spo**on und Fo**rk**) sind dabei im Grunde ebenso überflüssig wie eine Gabel. Sinnvoller ist meiner Erfahrung nach ein gut funktionierender Löffel. Achten Sie beispielsweise darauf, dass der Löffelstiel stabil genug ist, damit Sie bei niedrigen Temperaturen auch mal harte Erdnussbutter aus dem Plastikglas löffeln können.

Entscheidend ist zudem die Länge des Löffelstiels. Modelle mit kurzem Stiel sind ein wenig leichter und passen beim Transport oft auch in kleinere Töpfe. Wenn Sie aber direkt aus einem hohen Topf essen möchten, dann tun Sie sich damit schwerer. Modelle mit normaler Stiellänge sind universeller, lassen sich aber meist noch nicht einmal in größeren Töpfen verstauen. Oft sind es jedoch nur ein paar Millimeter zu viel. Dann gilt es, den Stiel ein wenig abzusägen oder auf ein klappbares Modell auszuweichen, das dann aber auch gleich ein paar Gramm mehr wiegt und weniger stabil ist.

Löffel mit überlangem Stiel sind im Grunde nur dann sinnvoll, wenn Sie fertige ☞ Trekking-Mahlzeiten oder das ☞ Freezer Bag Cooking verwenden und Ihr Essen direkt aus dem Verpackungsbeutel löffeln möchten. Der lange Löffel ist zwar unhandlicher und schwerer, aber die Hände bleiben damit zumindest sauber.

☺ Inzwischen verwenden einige Hersteller von Trekking-Mahlzeiten bereits Tüten mit einer zweiten Risskante, die überlange Löffel überflüssig machen.

**Produktbeispiele**

▷ Sea To Summit Alpha Light Löffel, **8 bis 12 g**, drei verschiedene Längen (13, 17 und 22 cm), hartanodisiertes Aluminium, 💻 www.seatosummit.de

▷ Light My Fire Spork, **10 oder 17 g**, 17 cm Länge, vollwertiger Löffel aus Kunststoff oder Titan, 💻 lightmyfire.com

▷ Sea to Summit Polycarbonate Cutlery Löffel, **10 g**, 16 cm Länge

▷ Gram-counter Gear Titanium Spoon, **10 g**, 16 cm Länge, 💻 www.gram-countergear.co.uk

▷ Toaks Ultralight Titanium Spoon, **13 g**, 16,5 cm Länge, 💻 www.toaksoutdoor.com

▷ Primus Langlöffel, **13 g**, 20 cm Länge, aus Tritan und eloxiertem Aluminium, 💻 www.primusoutdoor.de

▷ Gossamer Gear Long-Handle Bamboo Spoon, **14 g**, 23 cm Länge, 💻 www.gossamergear.com

▷ Esbit Titan Löffel, **18 g**, 20,8 cm Länge (10,4 cm Packmaß), Klapplöffel mit poliertem Mundstück, 💻 esbit.de

☺ Ein stabiler Löffel mit kurzem Stiel ist zwar nicht komfortabel, aber durchaus ausreichend. Wer auch mal mit frischen Zutaten kochen will, der sollte vielleicht einen Löffel normaler Länge wählen, da sich dieser besser als Kochlöffel verwenden lässt. Für kürzere Touren eignen sich auch sehr leichte, aber weniger stabile Einweglöffel aus Plastik.

## Teller und Tasse

Der beste Tipp vorab: Lassen Sie beides daheim und nutzen Sie stattdessen den Kochtopf. Das spart Gewicht und reduziert den Reinigungsaufwand. Wenn Sie aber partout nicht auf einen Essnapf und eine Tasse verzichten oder gemeinsam mit anderen Tourmitgliedern etwas gesitteter essen wollen, dann bieten sich folgende Behältnisse an:

**Produktbeispiele**

▷ Wildo Fold-A-Cup, **25 g**, Falttasse mit 250 ml Volumen, sehr kompakt, 💻 www.wildo.se
▷ Wildo Fold-A-Cup Big, **46 g**, Faltschüssel mit 600 ml Volumen, sehr kompakt
▷ Wildo Kåsa Army (Berghaferl), **49 g**, 300 ml Volumen
▷ GSI Outdoors Cascadian Cup, **49 g**, 350 ml Volumen, 💻 gsioutdoors.com
▷ Alu- & Titantassen, ab ca. **50 g**, 300 bis 450 ml Volumen, lassen sich in tassenförmigen Kochtöpfen verstauen.

☺ Verzichten Sie auf doppelwandige Trinktassen, die unnötig schwer sind. Benötigen Sie eine Isolierung oder einen Hitzeschutz, dann ist eine Hülle aus dem Material einer dünnen Evazote-Liegematte die leichtere Lösung (☞ Pot Cozy).

*Rundes und klassisches Berghaferl sowie zwei Fold-A-Cup-Modelle von Wildo (v. l. n. r.)*

Deutlich günstiger und meist auch um einiges leichter als die Angebote im Outdoor-Fachhandel sind Einwegverpackungen für Lebensmittel: Gummibärchendosen, Joghurtbecher, Suppen- und Salatbehälter oder ähnliche Verpackungen eignen sich hervorragend als Transportbehälter oder ultraleichtes Essgeschirr.

✋ Bei der Auswahl der Verpackungen sollten Sie allerdings auf Kunststoffe achten, die **BPA-frei** sind. Andernfalls kann – vor allem bei warmen Speisen und

Heißgetränken – das in Kunststoffen als Weichmacher verwendete Hormongift Bisphenol A (BPA) freigesetzt werden, was gesundheitsgefährdend sein kann.

Geeignete BPA-freie Kunststoffe erkennen Sie am zuverlässigsten anhand ihres **Recycling-Codes**. Dieser ist auf der Verpackung aufgedruckt und besteht aus einer Materialnummer und dem Recycling-Symbol mit drei Pfeilen, die den Verwertungskreislauf symbolisieren. Zusätzlich ist meist auch noch ein Materialkürzel angegeben, das die Werkstoffgruppe verrät. Als ungefährlich gelten die Materialien Polyethylen und Polypropylen.

- ▷ **Polyethylen**: Mit PE-HD oder HDPE (Code 2) und dem weicheren PE-LD oder LDPE (Code 4) sind bei Polyethylen gleich zwei Varianten im Handel anzutreffen. Beide Materialien eignen sich für Dauereinsatztemperaturen von -60 °C bis +85 °C und somit zum Servieren fertiger Mahlzeiten.
- ▷ **Polypropylen**: Dieser Kunststoff, den Sie am Kürzel PP oder dem Recycling-Code 5 erkennen, wird sehr häufig bei Lebensmittelverpackungen verwendet. Dank der maximalen Dauereinsatztemperatur von 100 °C können Sie in Polypropylenbehältnissen auch problemlos heißen Tee oder Kaffee zubereiten. Bei Minustemperaturen wird dieses Material allerdings etwas spröde.

## Reinigungsutensilien

Küchenschwämme mit Topfkratzer sind zwar leicht, doch sie entwickeln sich schnell zu echten Keimschleudern, deren Bakterienkonzentration das Level von Fäkalproben erreicht. Seien Sie deshalb nicht gar zu pingelig. Ein etwas fettiger und leicht verschmutzter Topf ist meist die bessere Wahl als ein mit Bakterien verseuchter Spülschwamm. Leichter ist es allemal.

In der Regel reicht es, wenn Sie den Topf sofort nach der Benutzung **mit klarem Wasser auswaschen**. Härtere Verschmutzungen lassen sich in nicht beschichteten Töpfen auch mit einem Wasser-Sand-Mix entfernen. Sind Sie mit dem Ergebnis nicht zufrieden, können Sie zur Not mit etwas (Toiletten-)Papier nachreiben und dieses anschließend verbrennen.

Wer mit Holz kocht, hat dank der anfallenden Asche auch ein bestens geeignetes Spülmittel dabei. Schrubben Sie den Topf einfach mit **Wasser und Asche**. Fügen Sie der daraus entstehenden Reinigungslauge immer wieder etwas frische Asche hinzu – auf diese Weise lassen sich selbst eingebrannte Rückstände beseitigen.

☺ Ist das Wasser im Campbereich knapp bemessen, dann wischen Sie den Topf mit einem **Grasbüschel** oder benutzten **Teebeutel** aus. Langstreckenwanderin Christine Thürmer überraschte TV-Moderator Markus Lanz im Interview noch mit einem weiteren Putztipp für wasserarme Regionen: Sie nimmt Urin und das soll sogar ganz hervorragend klappen, denn das darin enthaltene Ammoniak ist auch noch fettlösend.

Wenn derartige Reinigungsmethoden nichts für Sie sind und Sie auch partout nicht auf einen **Spülschwamm** verzichten wollen, dann ersetzen Sie diesen aber zumindest so schnell und oft wie möglich. Nach neuesten Erkenntnissen reduziert selbst das Auskochen die Keimzahl nur kurzfristig. Im Dauereinsatz fördert es sogar die Entwicklung potenziell tödlicher Bakterien.

## Transportbeutel

Wenn Sie den Großteil Ihrer Outdoor-Küche im Kochtopf verstauen, dann sorgt ein kleiner Transportbeutel dafür, dass im Rucksack auch wirklich alles beisammen bleibt. Zudem schützt er andere Ausrüstungsgegenstände vor unnötigen Verschmutzungen durch Ruß oder andere Rückstände.

*Transportbeutel: Der Mesh-Beutel des Herstellers (links) ist dreimal so schwer wie ein Packbeutel aus Dyneema Composite Fiber*

Ein entsprechender Transportbeutel gehört bei kleineren Kochtöpfen oft schon zum Lieferumfang. Die mitgelieferten Beutel sind allerdings meist aus vergleichsweise schweren Mesh-Materialien.

Deutlich leichter, aber auch wesentlich teurer sind Transportbeutel aus Dyneema Composite Fabric (Cuben Fiber). Der britische Hersteller Tread Lite Gear (💻 www.treadlitegear.co.uk) fertigt derartige Beutel in Handarbeit für eine Vielzahl von Kochtöpfen. Ein Cuben-Beutel für einen 650-ml-Topf von Toaks wiegt beispielsweise gerade einmal **4 g**, während der Transportbeutel des Topfherstellers **12 g** auf die Waage bringt.

## Transportbehälter

Manch ultraleichter Kocher wird mit einer Transportbox geliefert, die deutlich schwerer ist als der Kocher selbst. Nutzen Sie diese Boxen nur daheim zur Aufbewahrung und verpacken Sie den Kocher unterwegs nach Möglichkeit im Kochtopf.

Dort ist er zusammen mit anderen Kochutensilien bestens geschützt und Sie haben auf diese Weise alle Kleinteile Ihrer Outdoor-Küche mit einem Griff zur Hand. Sollte der verwendete Brennstoff zum Rußen neigen, dann empfiehlt es sich, den Topf in einem zusätzlichen Packsack zu verstauen, um den Rest der Ausrüstung vor Verschmutzungen zu bewahren.

## Brennstoffflaschen

Gas wird bereits in Einwegkartuschen geliefert, doch für flüssige Brennstoffe benötigen Sie einen zusätzlichen Transportbehälter. Bei **Benzin** sollten Sie dabei besser den Brennstoffflaschen aus dem Fachhandel vertrauen. Ausgelaufenes Benzin ist deutlich gefährlicher als beispielsweise Spiritus und versaut Ihnen zudem die gesamte Ausrüstung.

☺ Brennstoffflaschen aus Kunststoff sind meist leichter als Aluminiumflaschen. Verwenden Sie deshalb am Benzinkocher eine kleine Aluminiumflasche als Brennstofftank und transportieren Sie größere Brennstoffvorräte in leichteren Kunststoffflaschen.

Auslaufender **Spiritus** ist zwar ärgerlich, aber vergleichsweise unproblematisch. Er verdunstet schnell und hinterlässt keine übel riechenden Rückstände. Deshalb können Sie hier durchaus weniger stabile Transportflaschen verwenden.

Wem die handelsüblichen Spiritusflaschen mit Sicherheitsverschluss zu schwer oder zu groß sind, der kann beispielsweise PET-, PP-, HDPE- oder LDPE-Verpackungen vom Discounter oder Spezialflaschen aus dem medizinischen Fachhandel verwenden. Für größere Brennstoffmengen werden Sie beispielsweise bei den Softdrink- und Wasserflaschen fündig, kleinere Flaschen gibt es in der Abteilung mit Smoothies und Super-Food-Drinks.

Für kurze Touren bieten sich als Brennstoffbehälter auch wiederverschließbare Aluminiumtüten an, in denen beispielsweise Getränke wie Capri-Sun erhältlich sind. Gewicht: rund **10 g** bei 330 ml Volumen!

☝ Transportieren Sie Lebensmittel und Chemikalien nie in baugleichen Behältern! Wenn Sie Getränkeflaschen als Brennstoffflaschen benutzen, dann kennzeichnen Sie die Flaschen stets entsprechend und verwenden Sie niemals denselben Flaschentyp für Ihre Getränke. Auf diese Weise können Sie auch noch im Dunkeln anhand der Flaschenform beurteilen, ob es sich bei dem Inhalt um Brennstoff oder etwas Trinkbares handelt.

## Trinkwasserbehälter

Aluminiumflaschen haben eine lange Tradition und sind innen mit einer hochelastischen Beschichtung versehen, die sie resistent gegen Fruchtsäure macht. Inzwischen lassen aber selbst auf Tageswanderung viele die vergleichsweise schweren Metallflaschen daheim und greifen stattdessen zu leichteren Kunststoffflaschen. Die günstigste Lösung sind dabei **PET-Flaschen** aus dem Getränkehandel.

**Polyethylenterephthalat**

Dieser Kunststoff, den Sie an den Kürzeln PET und PETE sowie am Recycling-Code 1 erkennen, wird bei Lebensmittelverpackungen vor allem zur Herstellung von Getränkeflaschen verwendet. Mit seiner Dauereinsatztemperatur von -40 °C bis + 60 °C eignet er sich zum Transport von kalten Getränken, flüssigen Lebensmitteln und Brennstoffen.

PET-Einwegflaschen sind meist etwas leichter, während die Mehrwegflaschen um einiges stabiler sind und selbst mehrmonatige Touren durchhalten.

☺ Flaschen mit einer besonders großen Öffnung erleichtern das Befüllen.

Wenn Sie auf einzelnen Abschnitten einer Tour mehr Trinkwasser als auf anderen Etappen transportieren müssen, sind faltbare Trinkwasserflaschen eine sinnvolle Ergänzung. Bei Nichtgebrauch lassen sich diese **Faltflaschen** einfach zusammenrollen und platzsparend verstauen.

**Produktbeispiele**

▷ Platy Bottle, **30 g**, 2 l Volumen, 💻 www.platy.com

▷ Evernew Water Carry, **42 g**, 2 l Volumen, sehr robust, 💻 evernew-global.com

▷ Nalgene Faltflasche, **64 g**, 1,5 l Volumen, Weithalsverschluss, 💻 nalgene.com

Immer populärer werden **Trinkblasen**, die im Rucksack verstaut werden und über einen Schlauch mit Mundstück eine konstantere Wasserzufuhr garantieren sollen. Ich persönlich halte von diesen Trinksystemen relativ wenig.

**Trinksysteme** sind schwerer als normale PET-Flaschen, komplizierter in der Handhabung und Sie müssen Schlauch und Blase regelmäßig reinigen. Bei einer PET-Flasche erspart Ihnen der Umtausch der Pfandflasche im nächsten Supermarkt die Reinigung und Sie können Ihren Getränkevorrat auch deutlich besser abschätzen.

☺ Wer auf die konstante Wasserzufuhr über einen **Trinkschlauch** nicht verzichten will, der kann mit dem Convertube-Adapter von Source auch handelsübliche PET-Flaschen und Faltflaschen zu einem Trinksystem erweitern. Das Mehrgewicht liegt bei rund **85 g**. (💻 sourceoutdoor.com)

Auf Touren in kälteren Regionen oder im Winter kann auch die Mitnahme einer **Isolierflasche** sinnvoll sein. Leicht sind diese Flaschen allerdings nicht. Wer in der Gruppe unterwegs ist, der sollte auf jeden Fall eine größere Isolierflasche statt mehrerer kleinerer wählen. Das spart zum einen Gewicht und zum anderen ist der Wärmeverlust bei größeren Modellen deutlich geringer.

**Produktbeispiele**

▷ Thermos Ultralight Isolier-Trinkflasche, **205 g**, 0,5 l Volumen, 💻 www.thermos.com

- ▷ GSI Outdoors Microlite 500 Twist, **218 g**, 0,5 l Volumen, 💻 www.gsioutdoors.com
- ▷ Thermos Ultralight Isolier-Trinkflasche, **273 g**, 0,75 l Volumen
- ▷ Hydro Flask Lightweight Trail Series, **351 g**, 0,95 l Volumen, 💻 www.hydroflask.com
- ▷ Thermos Ultralight Isolier-Trinkflasche, **359 g**, 1 l Volumen

## Lebensmittelbehälter

Gefrierbeutel mit Druck- oder **Ziploc-Verschluss** sind für den Provianttransport die leichteste und zuverlässigste Variante. Bei eher staubförmigen Zutaten wie Milchpulver sollten Sie zum **Double-Ziploc-Beutel** greifen, der durch seinen doppelten Druckverschluss deutlich mehr Sicherheit bietet. Bei entsprechender Vorsicht lassen sich Ziploc-Beutel – etwa beim Nachkauf von Proviant vor Ort – auch mehrfach verwenden.

Eine Alternative ist das luftdichte **Verpacken mit Vakuumiergeräten**. Auf diese Weise können Sie beispielsweise komplette Mahlzeiten oder Kaffeepulver schon zu Hause portionsgerecht verpacken. Selbst der Transport flüssiger Zutaten ist auf diese Weise möglich. Sie benötigen dazu allerdings spezielle Vakuumierfolien und das Verpackungsmaterial lässt sich unterwegs nicht wiederverwenden.

**Produktbeispiele**

- ▷ Caso VC10 Vakuumierer, 💻 caso-design.de
- ▷ Lava Vakuummaschine V.300, 💻 www.la-va.com
- ▷ Steba VK4, 💻 steba.com
- ▷ Severin FS 3611, 💻 www.severin.de
- ▷ Proficook PC-VK 1080, 💻 www.proficook.de

Ansonsten sind für **flüssige Lebensmittel** eher leichte Kunststoffflaschen aus dem Lebensmittelhandel geeignet (☞ Trinkwasserbehälter). Vorsicht ist hier allerdings bei Flaschen für Speiseöle geboten. Dichtungen und Kunststoffe werden durch **Öle** oft angegriffen und etwaige Weichmacher können leicht ins Öl gelangen, was auf Dauer zu Gesundheitsgefahren und sprödem Material führt. Als relativ bedenkenlos verwendbar gilt auch hier der Kunststoff Polypropylen (PP).

Mit dem Transport alleine ist es beim Proviant allerdings nicht getan, denn über Nacht sind Lebensmittel stets eine **begehrte Beute für Tiere** aller Art.

Angelockte **Nagetiere** können dabei nicht nur für herbe Lebensmittelverluste sorgen, sie beschädigen oft auch Zelt und Rucksack, um an Ihre Leckereien zu kommen.

Bewährt hat es sich, die Lebensmittel in einem wasserdichten Silnylon-Packsack zu verstauen und diesen mit einem Seil frei aufzuhängen. Nager und andere Kleintiere kommen dadurch deutlich schwerer an den Proviantvorrat, und sollte es ihnen doch einmal gelingen, dann wird höchstens der Packsack beschädigt.

Je nach Gebiet locken Lebensmittel aber auch gefährlichere Zeitgenossen wie **Schwarz- oder Braunbären** an. Droht nächtlicher Besuch von Meister Petz, dann sollten Sie Ihren Proviant (und ebenso gewisse Arzneien und Kosmetika) aus Sicherheitsgründen mindestens 60 m in Windrichtung entfernt vom Camp aufbewahren. Kochen Sie in diesem Fall auch niemals im Campbereich, sondern bereiten Sie Ihr Essen stets einige Kilometer vor dem Tagesziel zu.

In weniger gefährdeten Gebieten mit „harmloseren" Schwarzbären können Sie die Lebensmittel ebenfalls aufhängen. Für das sogenannte **„Bear Bagging"** benötigen Sie allerdings schon 12 bis 15 m Seil, denn der Proviantsack sollte an einem Ast hängen, der sich idealerweise 6 m über dem Boden befindet.

*Ein kleiner Wurfsack, 15 m Wurfleine und ein leichter Karabiner reichen, um einen Packbeutel mit Lebensmitteln bärensicher aufzuhängen*

Den Sack positionieren Sie dann so, dass er mindestens 4 m über dem Boden hängt und der Abstand zum Stamm des Baumes rund 2 m beträgt. Hört sich übervorsichtig an? Sie werden erstaunt sein, wie behände Schwarzbären sein können!

☺ Ein ultraleichtes Bear-Bagging-Set lässt sich aus einem 20 bis 30 l großen Silnylon-Packsack, einem kleinen Karabiner und einer 12 m (besser 15 m) langen Dyneema-Wurfleine aus dem Baumpflegebedarf zusammenstellen. Das Außenmaterial der gut 2 mm dicken Wurfleine ist besonders glatt und verhakt sich nicht so leicht in der Rinde des Baumes. Das gesamte Set verstauen Sie am besten in einem kleinen Packsack, der sich mit einem Stein beschwert auch gleich als Wurfgewicht nutzen lässt. Weitere Details zum Umgang mit solch einem Set finden Sie durch eine Youtube- oder Internetsuche nach „pct bear bagging“.

Die bislang beschriebenen Vorsichtsmaßnahmen reichen in vielen Regionen mit Bären allerdings nicht aus. Oft erfordern die Bestimmungen von Nationalparks oder anderen Behörden den Einsatz bärensicherer **Proviantcontainer**.

Die leichteste Lösung ist dann ein Ursack (💻 www.ursack.com). Dieser Sack aus starkem Dyneema-Gewebe soll – in Verbindung mit geruchshemmenden Opsak-Beuteln (💻 loksak.com) – zumindest in Schwarzbärgebieten eine ausreichende Sicherheit bieten. Sie müssen diesen Sack auch nicht unbedingt aufhängen, sondern können ihn einfach an einem Baumstumpf oder Felsen befestigen.

Reicht den örtlichen Behörden ein Ursack nicht, müssen Sie in den sauren Apfel beißen und einen schweren Proviantcontainer aus Kunststoff verwenden. Dabei handelt es sich um stabile Tonnen mit geruchsdichten und bärensicheren Verschlüssen.

**Produktbeispiele**

▷ Bearvault BV450, **940 g**, 7,2 l Volumen, 💻 www.bearvault.com
▷ Bearvault BV500, **1.160 g**, 11,5 l Volumen
▷ Bear Keg, **1.814 g**, 11,7 l Volumen, 💻 www.counterassault.com

☺ In entsprechend gefährdeten Regionen können Sie bärensichere Proviantcontainer oftmals auch leihen. Erkundigen Sie sich vorab bei den zuständigen Behörden vor Ort!

# Typische Kochsysteme

Nach dermaßen vielen Informationen zu den einzelnen Komponenten eines Kochsystems fragen Sie sich bestimmt schon: Wie sieht denn nun ein typisches Kochsystem aus? Hier einige Beispiele.

## 1-Personen-Küche

Für die Zubereitung einer Trekking-Mahlzeit reichen meist 350 bis 450 ml heißes Wasser, sodass Töpfe ab 550 ml Gesamtvolumen ausreichend sind. Für das folgende Spirituskochsystem wurde bewusst eine breitere Kochtasse dieser Größe gewählt, in die keine Gaskartusche passt.

Durch die breitere Bauform nimmt diese Tasse die Hitze des Brenners besser auf und dank der niedrigeren Seitenwände lässt sie sich im Zusammenspiel mit einem kurzen Löffel besser als Essgeschirr nutzen. Der Transport des Löffels im Topf ist aufgrund des geringen Volumens allerdings nicht möglich.

- ▷ Evernew Ti Cup 570FD (EBY278R), **55 g**, 570-ml-Kochtasse mit Griff
- ▷ Evernew Ti Lid (EBY277), **22 g**, Topfdeckel
- ▷ Toaks Titanium Siphon Alcohol Stove (STV-01), **20 g**, Spirituskocher
- ▷ Evernew Ti Trivet for Alcohol Stove (EBY253), **16 g**, Topfständer

*Der Toaks Titanium Siphon Alcohol Stove mit einem Evernew Ti Trivet oder ähnlich gebautem Topfständer ist langsam, aber sehr effizient*

- ▷ Toaks Titan Windschutz, **13 g**, gekürzt
- ▷ Sea To Summit Alpha Light Löffel, **8 g**, 13 cm Länge
- ▷ BiC mini J25, **11 g**, Feuerzeug

**Gesamtgewicht: 145 g**

*Besteck: ein Set aus Titan, der Esbit-Klapplöffel, der kleinste Aluminumlöffel von Sea To Summit und ein Plastik-Spork von Light My Fire (v. l. n. r.)*

Weiteres Einsparpotenzial von bis zu 25 g bietet sich, wenn Sie einen selbst gebauten Spirituskocher mit integriertem Topfständer (etwa einen Fancy Feast Stove) verwenden. Hinzu kommen wie bei allen folgenden Beispielen noch ein Pot Cozy, ein Bodenschutz sowie der Brennstoff mit passendem Transportbehälter.

Für ein entsprechendes **Gaskochsystem** kommt ein Topf zum Einsatz, in den eine Gaskartusche und ein kleiner Aufschraubkocher gerade so hineinpassen. Der Löffel muss allerdings auch hier draußen bleiben.

- ▷ Toaks Light 550ml (POT-550-L), **72 g**, Topf mit Deckel
- ▷ BRS-3000T, **25 g**, Gaskocher
- ▷ Toaks Titan Windschutz, **10 g**, gekürzt
- ▷ Sea To Summit Alpha Light Löffel, **8 g**, 13 cm Länge
- ▷ BiC mini J25, **11 g**, Feuerzeug

**Gesamtgewicht: 126 g**

Bei einer Topfhöhe von 80 mm lässt es sich mit einem kurzen Löffel auch aus diesem Topf noch einigermaßen komfortabel essen. Weiteres Einsparpotenzial von rund 10 g besteht bei diesem Set, wenn Sie selbst einen leichteren ☞ Topfdeckel anfertigen. Benötigen Sie hingegen etwas mehr Volumen, dann greifen Sie zum Toaks Light 650ml (Mehrgewicht: 8 g).

## 2-Personen-Küche

Die leichteste Lösung: Nutzen Sie ein Kochsystem für die 1-Personen-Küche und bereiten Sie Ihre Mahlzeiten nacheinander zu. Wollen Sie hingegen gemeinsam essen, dann benötigen Sie auf jeden Fall einen größeren Topf.

Ein überaus flexibles, **sturmsicheres und leichtes** Kochsystem ist dabei das **Spirituskochsystem** Sidewinder Ti-Tri von Trail Designs (💻 www.traildesigns.com), das Sie auch mit Esbit und Holz befeuern können.

- ▷ Evernew Ti Ultra Light Pot #3 (ECA253R), **130 g**, Topf mit 1.300 ml Volumen
- ▷ Trail Designs Sidewinder Ti-Tri, **73 g**, Spirituskochsystem
- ▷ Sea To Summit Alpha Light Löffel, **9 g**, 17 cm Länge, etwas gekürzt
- ▷ Sea To Summit Alpha Light Löffel, **8 g**, 13 cm Länge
- ▷ Wildo Fold-A-Cup Big, **46 g**, Faltschüssel
- ▷ BiC mini J25, **11 g**, Feuerzeug

**Gesamtgewicht: 277 g**

Das Kochsystem lässt sich komplett im Topf verstauen und der längere Löffel bringt zusätzlichen Komfort beim Kochen. Eine Person isst direkt aus dem Topf, die zweite nutzt den kürzeren Löffel und die kleine Faltschüssel.

In das Gewicht des Trail-Designs-Sidewinder-Ti-Tri-Kochsystems wurden hier nur der Spiritusbrenner (12-10 Stove) mit Windschutz, Packsack, Topfständer (zwei Zeltheringe) und Messbecher eingerechnet.

Möchten Sie auch Esbit verwenden, dann benötigen Sie zusätzlich den **7 g** leichten Trail Designs Gram-Cracker. Wollen Sie auch mit Holz kochen, dann kommt das Trail Designs Inferno-Set hinzu, das nochmals **46 g** wiegt.

## Tipps

Gehen Sie davon aus, dass es nicht das optimale Kochsystem gibt. Sammeln Sie von Tour zu Tour Erfahrungen, holen Sie sich in Online-Foren wie 💻 www.outdoorseiten.net oder 💻 www.ultraleicht-trekking.com neue Anregungen und optimieren Sie Ihr Kochsystem regelmäßig und Schritt für Schritt auf die eigenen Bedürfnisse hin.

Mit Sicherheit werden Sie zunächst einen bestimmten Brennstoff favorisieren, doch mit ein wenig Erfahrung werden Sie Ihr Kochsystem dann auch häufiger von

Tour zu Tour variieren. Für das ein oder andere Ziel ist Ihr Lieblingskochsystem vielleicht ja doch einmal weniger geeignet.

☺ Mein ganz persönlicher Tipp: Machen Sie sich mit der „Grammgeizerei" nicht Ihre Tour kaputt. Ein wenig mehr Komfort beim täglichen Umgang mit Ihrer Outdoor-Küche kann ein gewisses Mehrgewicht durchaus rechtfertigen. Gerade auf längeren Touren lässt sich beim Proviant ohnehin wesentlich mehr Gewicht sparen als beim Kochsystem.

Last but not least: Machen Sie sich mit der genauen Funktionsweise des Systems vertraut und führen Sie stets Funktionstests durch! Testen Sie Ihr Kochsystem dabei nicht nur kurz vor der Abreise, sondern ein weiteres Mal direkt vor Tourantritt. Dies gilt insbesondere dann, wenn Sie Ihren Brennstoff bei Flugreisen vor Ort kaufen müssen.

Es hat schon viele gegeben, die im Ausland glaubten, Spiritus oder Reinbenzin gekauft zu haben, und dann ziemlich erstaunt feststellen mussten, dass sich doch etwas anderes in der vermeintlichen Brennstoffflasche befand. Auch bei der Nutzung von Gas bleibt man von derartigen Überraschungen nicht verschont, denn es gibt immer mal wieder Gaskartuschen, die trotz passendem Anschluss mit dem eigenen Kocher einfach nicht zusammenarbeiten wollen (☞ Gaskocher).

# Wasseraufbereitung

Ganz gleich ob kalte oder warme Outdoor-Küche – Wasser ist essentiell und das nicht nur beim Kochen. Verliert ein Mensch mehr als vier Liter Flüssigkeit, treten verstärkt Kreislaufprobleme auf. Eine erhöhte Herzfrequenz, Fieber sowie Verwirrtheit und Benommenheit können weitere Begleiterscheinungen einer Dehydration sein.

Sie sollten deshalb Ihren ☞ **Wasserbedarf** planen und im Zweifelsfall lieber eine Faltflasche mehr einpacken, um auch einmal etwas mehr Wasser mitführen zu können. Informieren Sie sich schon während der Tourplanung über potentielle Trinkwasserdepots und deren Zuverlässigkeit. Nur so können Sie unterwegs die mitgeführte Wassermenge den jeweiligen Gegebenheiten anpassen und Ihr Gewicht minimieren. Idealerweise kommen Sie an der nächsten Quelle mit komplett aufgebrauchtem Wasservorrat oder maximal einer kleinen Notreserve an.

*Verlässliche Wasserquellen: Entgegenkommende Personen verraten Ihnen bereits vorab, ob der Wassertank an der nächsten Hütte auch wirklich gefüllt ist*

Im dicht besiedelten Europa kommen Sie relativ häufig durch kleine Dörfer, in denen sich die Wasservorräte aufstocken lassen. Dabei lohnt es sich, auch einmal den nächsten Friedhof anzusteuern, denn dort ist meist ein Wasseranschluss für die Grabpflege zu finden. Weitere Wasserquellen sind oftmals in Wanderführern und sogenannten „Databooks" (kleinen Datensammlungen für unterwegs) zu populären Wanderwegen verzeichnet, aber teilweise auch in guten Wanderkarten oder der OpenStreetMap (💻 www.openstreetmap.de) zu finden.

☺ Fragen Sie vor Ort andere, etwa Ihnen entgegenwandernde Personen, ob das anvisierte Gasthaus oder die nächste Einkaufsgelegenheit wirklich geöffnet ist bzw. ob die nächsten Quellen auch wirklich Wasser führen. Auf diese Weise können Sie noch kurzfristig umdisponieren und Ihren Wasservorrat anpassen.

In abgelegeneren Regionen werden Sie Nachschub in Trinkwasserqualität nur selten finden. Dann ist eine zusätzliche **Wasseraufbereitung** meist unumgänglich. Prinzipiell gilt es dabei:

- ▷ anorganische und organische Schwebstoffe zu entfernen,
- ▷ Protozoen und Bakterien zu beseitigen,
- ▷ Viren zu bekämpfen,
- ▷ und Schadstoffe und Chemikalien zu reduzieren.

Die Wasseraufbereitung fängt bereits mit der Wassergewinnung an. Nutzen Sie vorzugsweise **Fließgewässer** (Bäche, kleine Flüsse), denn **stehende Gewässer** (Seen, Tümpel) sind wärmer und so können sich Bakterien, Parasiten und Algen darin deutlich schneller ausbreiten.

Sind Tierweiden in der Nähe, sollten Sie das Wasser oberhalb der Weidegrenze entnehmen, um **Verunreinigungen durch Exkremente** zu vermeiden. Das Gleiche gilt für Siedlungen. In diesem Fall ist es aber ohnehin sinnvoller, einen kleinen Umweg zu machen und die Ortsansässigen um Trinkwasser zu bitten. Und last but not least: keine Wasserentnahme unterhalb von Fabriken!

☺ Bei sehr kleinen Rinnsalen kann es sinnvoll sein, zunächst ein Loch als Sammelbecken zu graben. Mit einer Tasse lässt sich das Wasser dann leichter schöpfen und umfüllen.

*Wasser schöpfen: Bei niedrigen Wasserständen lassen sich auch Flaschen mit weiter Öffnung nicht mehr direkt befüllen*

## Schwebstoffe

Milchig oder gar schlammig aussehendes Wasser aus schnell fließenden Gewässern ist meist durch anorganische Schwebstoffe wie feinen Sand verunreinigt. Sie sind harmlos, wirken sich aber aufgrund ihrer Größe von teilweise mehr als einem Millimeter negativ auf die weitere Wasseraufbereitung aus. So können sie beispielsweise die Durchlaufmenge und -geschwindigkeit von Wasserfiltern reduzieren und auch die Wirksamkeit chemischer Mittel hemmen.

Zudem kann das Wasser durch organische Schwebstoffe wie **Algen und Pflanzenreste** oder auch **Insektenlarven** verunreinigt sein. All diese Schwebstoffe lassen sich relativ leicht entfernen. Die leichteste, aber auch langwierigste Lösung: Warten Sie, bis sich die Schwebstoffe gesetzt haben, und füllen Sie dann um. Deutlich schneller erhalten Sie klareres Wasser, wenn Sie einen mechanischen Filter einsetzen, etwa einen (Dauer-)Kaffeefilter oder einen Nylonstrumpf.

## Protozoen und Bakterien

Reisedurchfall – wer kennt ihn nicht! Meist sind dafür winzige Einzeller verantwortlich, die über Fäkalien ins Wasser gelangen. Protozoen und Bakterien können aber nicht nur für eine kleinere **Magen-Darm-Verstimmung** sorgen, sondern auch **tödliche Krankheiten** übertragen.

Die Gefahr kann sich dabei auch in vermeintlich sauberem Wasser verbergen, denn Protozoen erreichen nur eine Größe von einem Mikrometer bis zwei Millimeter und Bakterien messen gerade einmal 0,2 bis 5 Mikrometer (entspricht 0,005 Millimeter). Auch wenn wir sie meist nicht mit bloßem Auge erkennen können, sind Protozoen und Bakterien immerhin noch groß genug, um sie relativ leicht **mit mechanischen Wasserfiltern zu entfernen**.

*Der Sawyer Squeeze SP129 arbeitet mit Mikrohohlfasern*

Protozoen und Bakterien lassen sich auch durch eine thermische Desinfektion beseitigen. Das **Abkochen** kostet allerdings jede Menge Brennstoff, denn das Wasser sollte mindestens drei Minuten sprudelnd kochen. Zudem sinkt in höheren Lagen nicht nur der Luftdruck, sondern auch der Siedepunkt des Wassers. Deshalb müssten Sie das Wasser im Gebirge noch länger abkochen. Als Richtwert empfiehlt der Gesundheitsdienst des Auswärtigen Amts dabei je 150 Höhenmeter eine um eine Minute längere Abkochzeit.

Mobile **Wasserfilter** für Reisende und Outdoor-Sporttreibende nutzen in der Regel Mikrohohlfasern mit einer Porengröße von 0,1 Mikrometer. Damit lassen sich die größeren Bakterien und Protozoen recht zuverlässig ausfiltern. Hersteller derartiger Wasseraufbereitungssysteme versprechen immerhin, dass die mechanische Desinfektion 99,99999 % aller Bakterien und 99,9999 % der Protozoen beseitigt.

Im Fachhandel sind Wasserfilter verfügbar, die sich entweder die Schwerkraft zunutze machen oder aber mit einer kleinen Pumpe arbeiten. Zudem unterscheiden sie sich in der Bauart. Viele Modelle werden über Adapter mit einem Schmutzwasser- und Trinkwasserreservoir verbunden, andere Modelle sind direkt in Trinkflaschen integriert.

*BeFree: Der Wasseraufbereiter für den sofortigen Genuss kombiniert eine Faltflasche und einen Aufsatz mit Mikrohohlfaserfilter*

*Sawyer Mini SP128: Dieser Wasserfilter ist sehr leicht, verstopft allerdings recht schnell und hat einen erhöhten Reinigungsaufwand*

**Produktbeispiele**

▷ Katadyn BeFree, **63 g**, 1,0-l-Faltflasche mit integriertem Wasserfilter, sehr schnell, 💻 www.katadyn.de

▷ Sawyer Micro Squeeze SP2129, **102 g**, mit Adaptern, Faltflasche, Reinigungsspritze und Trinkschlauch, 💻 www.sawyer.com

▷ Sawyer Squeeze SP129, **138 g**, mit Adaptern, Faltflasche und Reinigungsspritze

▷ MSR Trail Shot, **142 g**, mit Pumpe und Schmutzwasserschlauch, sehr schnell, 💻 www.msrgear.com

Bei nachlassendem Wasserdurchfluss erfordern all diese Wasserfilter eine **Reinigung**. Dazu müssen Sie meist zuvor gereinigtes Wasser verwenden. Je nach Modell wird der Filter dann entweder im Wasser geschwenkt oder aber mithilfe einer Reinigungsspritze durchgespült. Zudem empfiehlt es sich, den Filter nach längerem Gebrauch sowie vor der Einlagerung mit geeigneten Mitteln wie Haushaltsbleiche oder Micropur zu **desinfizieren**.

☺ Für den recht populären Sawyer Squeeze SP129 ist ein Adapter für das DIN-28-(PP-28-)Gewinde handelsüblicher PET-Getränkeflaschen erhältlich. Die Flaschen lassen sich damit nicht nur als Schmutzwasser-, sondern auch als Trinkwasserbehälter anschließen. Zudem eignet sich der Adapter für die Reinigung des Filters, wenn man auf die Trinkwasserflasche ausreichend Druck ausübt.

## Viren

Viren sind deutlich kleiner als Protozoen oder Bakterien. Deshalb bieten die zuvor beschriebenen Wasserfilter keinen zuverlässigen Schutz gegen **Probleme wie Hepatitis A oder Polio**. Sie reduzieren das Risiko allenfalls, da Viren oft an größere Partikel gebunden sind, die wiederum im Wasserfilter hängen bleiben.

Der Gesundheitsdienst des Auswärtigen Amts empfiehlt deshalb zusätzlich eine **chemische Desinfektion**, insbesondere wenn eine Kontamination durch Fäkalien nicht auszuschließen ist. Geeignet dafür sind **Chlorprodukte** mit einer zusätzlichen Konservierung durch Silberionen.

▷ Certisil combina, flüssig, ohne Silberionen, 💻 www.certisil.de
▷ Aquamira Wasserentkeimer (McNett Aquaventure), flüssig, 💻 www.aquamira.com
▷ Micropur Forte, flüssig und in Tablettenform, 💻 www.katadyn.de

Der Haken: Die chemische Desinfektion benötigt eine **Einwirkzeit von 30 bis 120 Minuten** und desinfiziert nur klares Wasser, was meist eine vorangehende Filterung erforderlich macht. Zudem hinterlassen diese Präparate einen **Chlorgeschmack**, den Zusätze auf Basis von Natriumthiosulfat allerdings weitestgehend beseitigen können, indem sie Chlor in Speisesalz umwandeln.

Ganz ohne Chemie geht es mit einer **UV-Desinfektion**. Dabei beschädigt ultraviolette Strahlung (UV-Strahlung) die Nukleinsäure der Mikroorganismen, sodass Protozoen, Bakterien und auch Viren ihre Reproduktions- und Infektionsfähigkeit verlieren.

Eine derartige UV-Desinfektion kommt auch in der Trinkwasseraufbereitung von Wasserwerken zum Einsatz, da sie den Geschmack und Geruch des Wassers nicht beeinflusst und auch chlorresistente Krankheitserreger inaktiviert. Eine konservierende Wirkung hat sie allerdings nicht.

Für den Outdoor-Einsatz ermöglicht der Steripen (💻 www.steripen.com) eine Wasserentkeimung durch UV-Strahlung. Die **akku- oder batteriebetriebenen**

*Steripen: Das kleine Gerät ermöglicht die Wasseraufbereitung per UV-Desinfektion und eliminiert dabei auch Viren*

**Geräte** in Stiftform tauchen Sie nach der Aktivierung einfach mit der UV-Lampe in das Wasser ein. Sobald ein optischer Gerätesensor den Wasserkontakt erkennt, leuchtet die UV-Lampe, bis die Wasseraufbereitung abgeschlossen ist und Ihnen eine LED die erfolgreiche Anwendung signalisiert.

**Produktbeispiel**

▷ Steripen Adventurer Opti, **103 g,** Gewicht inklusive CR123-Einwegbatterien, 💻 www.katadyn.de

Mit dem Steripen lässt sich maximal ein Liter Wasser binnen 90 Sekunden aufbereiten, für einen halben Liter benötigen Sie gerade einmal 48 Sekunden. Nachteile: Auch der Steripen funktioniert am effektivsten mit klarem Wasser. Trübes Wasser sollten Sie nur im Notfall behandeln. Zudem machen Sie den Erfolg Ihrer Unternehmung von der Funktion eines weiteren technischen Geräts abhängig.

## Schadstoffe

Gegen Chemikalien werden oft zusätzliche **Kohlefilter** empfohlen, die gefährliche Schadstoffe eliminieren und auch den Geschmack verbessern können. Eine der wenigen tragbaren Lösungen in diesem Bereich ist der LifeStraw Steel (**160 g**, www.lifestraw.com), allerdings reicht dessen Aktivkohlepatrone gerade einmal für bis zu 100 Liter.

Zudem ist die vermeintliche Sicherheit von Kohlefiltern trügerisch, denn Sie können lediglich einige schädliche Inhaltsstoffe reduzieren. Sinnvoller und leichter ist es deshalb, vermutlich belastete Gewässer bei der Trinkwasserversorgung ganz zu meiden.

## Tipps zur Entscheidung

Im Bereich des Ultraleicht-Sports setzen viele oft ganz auf eine **chemische Desinfektion** und nutzen bei Bedarf mitgeführte Textilien, etwa ein Schlauchtuch, für eine grobe **Vorfilterung**. Auf längeren Touren müssen Sie in diesem Fall aber auch den Nachschub der entsprechenden Präparate sicherstellen.

Wer weniger Chemie einsetzen möchte, verwendet stattdessen einen leichten **Wasserfilter mit Mikrohohlfasern** und nimmt zusätzlich ein paar **Entkeimungstabletten** mit, um im Zweifel zusätzlich eine chemische Desinfektion durchführen zu können.

Vor Aufenthalten in weniger entwickelten Ländern sollten Sie sich vorab über weitergehende Sicherheitsmaßnahmen informieren. „Trinkwasser" entspricht dort nur selten unseren Vorstellungen. In Bangladesch müssen Sie beispielsweise sogar mit arsenverseuchtem Wasser rechnen.

# Proviant

*Filzkocher mit Topfständer*

Bei der Ausrüstung wird um jedes Gramm gefeilscht, doch beim Proviant steht oft der Geschmack im Vordergrund. Das ist im wahrsten Sinne des Wortes ein schwerer Fehler, denn mit der richtigen Zusammenstellung lässt sich hier gerade bei längeren Touren ohne Lebensmittelnachschub vor Ort jede Menge Gewicht sparen. Und auf kleineren Touren werden Kocher und Kochtopf unter Umständen sogar komplett überflüssig.

Gewichtseinsparungen bei der Ausrüstung erzielen Neulinge mit ausreichendem Marktüberblick oder guter Beratung relativ leicht. Entsprechend den geplanten Aktivitäten wählen sie einfach die leichtesten Komponenten, die den Anforderungen entsprechen.

Beim Proviant gehen Sie ähnlich vor. Hier entscheiden Sie sich für schnell zubereitete und möglichst **kompakte Kalorienbomben mit hohem Energiegehalt**. Die Frage ist nur: Wie viel Energie – und damit auch wie viel Proviant – benötigen Sie? Und genau auf diese Frage gibt es keine pauschale Antwort, denn der Energiebedarf ist von Mensch zu Mensch und von Tour zu Tour sehr unterschiedlich.

*Proviantdepot: Auf Langstrecken platzieren viele ihre Lebensmittelvorräte oft vorab direkt am Weg*

*Schöne Überraschung: In den USA werden oft Proviantboxen mit kostenlosen Leckereien als „Trail Magic" an den Wanderweg gestellt*

☺ Bedenken Sie auch die Möglichkeit, eigene Nachschubdepots einzurichten. Entlang langer Wanderwege ist es durchaus üblich, Proviantcontainer vorab am Wegesrand zu platzieren oder Lebensmittelpakete an Unterkünfte in kleineren Orten ohne entsprechende Einkaufsmöglichkeiten vorauszuschicken.

# Kalorienbedarf

Nahrung liefert uns Energie und Nährstoffe. Beides benötigt der menschliche Körper zur Aufrechterhaltung körperlicher und geistiger Funktionen, zur Erhaltung der Körperwärme sowie für den Stoffwechsel und den Wiederaufbau von Haaren oder Fingernägeln.

Der genaue **Energiebedarf** ist allerdings von Mensch zu Mensch und von Tag zu Tag verschieden. So beeinflussen Alter, Geschlecht, Körperbau und andere Faktoren die Energiemenge, die wir allein schon zur Aufrechterhaltung der Körpertemperatur, Herztätigkeit oder Atmung benötigen (Ruhe-Nüchtern-Umsatz).

**Körperliche Aktivitäten** bestimmen hingegen von Tag zu Tag unseren **Leistungsumsatz**. So benötigen wir bei ausschließlich sitzender oder gar liegender Lebensweise natürlich deutlich weniger Energie als bei einer anstrengenden Langstreckenwanderung mit einem Tagespensum von 30 oder 40 km. Zudem haben wir bei sehr kalten Umgebungstemperaturen einen erhöhten Energiebedarf.

Daheim, wenn wir gemütlich vor dem Fernseher liegen und Chips oder andere Snacks futtern, liegt die Energiezufuhr oft über dem Bedarf, sodass der Körper an Gewicht zunimmt. Bei einer unzureichenden Zufuhr an Energie erfolgt hingegen eine Gewichtsabnahme, denn in diesem Fall verbrennen wir **körpereigene Fettreserven**.

Diese grundlegenden Ernährungsinformationen zeigen bereits, dass es kaum möglich ist, den Kalorienbedarf für Ihr nächstes Outdoor-Abenteuer vorab genau zu bestimmen. Hier kommt es ganz auf Ihre **individuellen Bedürfnisse und Erfahrungen** an.

Die Erfahrungen anderer können aber durchaus als grobe Anhaltspunkte dienen. So berichtet beispielsweise Ryan Jordan, Gründer der Ultraleicht-Community Backpacking Light (💻 backpackinglight.com), dass er auf 3-Tages-Trips durchaus mit einer Energiezufuhr von täglich 2.500 kcal zurechtkommt. Abenteurer Andrew Skurka (💻 andrewskurka.com) kalkuliert hingegen mit einem Tagesbedarf von 3.000 kcal für kurze Trips und 5.000 kcal auf seinen mehrmonatigen Wanderungen. Christine Thürmer (💻 christine-on-big-trip.blogspot.com), derzeit Deutschlands bekannteste Weitwanderin, kalkuliert mit 0,9 bis 1,0 kg Proviant pro Tag. Berücksichtigt man, dass in der ultraleichten Outdoor-Küche **100 g Proviant** dem Körper **idealerweise rund 450 kcal** liefern, dann kommt sie auf täglich 4.000 bis 4.500 kcal.

Ganz am oberen Ende positioniert sich Extremwanderer John Zahorian (💻 johnzahorian.com), der auf seinen Touren wohl satte 6.000 kcal pro Tag zu sich nimmt. Allerdings stellt Zahorian auch aberwitzige Rekorde auf und legt dabei im Durchschnitt Tagesdistanzen von 70 km zurück.

Lassen wir derartige Extreme außer Acht, dann dürfte der Tagesbedarf für normale bis sehr sportliche Outdoor-Aktivitäten in der Praxis wohl meist zwischen 3.000 und 5.000 kcal liegen. Bei 450 kcal je 100 g Proviant müssten Sie also für Ihren **Proviant täglich rund 650 bis 1.100 Gramm** einkalkulieren – abhängig von der Intensität und Dauer Ihrer Aktivitäten.

🛈 Ein Kilogramm Körperfett entspricht rund 7.000 kcal und ist damit deutlich leichter als ein Proviantpaket mit demselben Energiegehalt. Einige versuchen deshalb vor ihren Langstreckenwanderungen, derartige Fettreserven gezielt aufzubauen, um unterwegs davon zu zehren.

☺ Wiegen Sie nicht nur Ausrüstung und Proviant, sondern auch sich selbst. Anhand Ihres Gewichts vor und nach der Tour ermitteln Sie, ob der Proviant Ihren Energiebedarf voll decken konnte oder ob Sie unterwegs bereits von körpereigenen Fettreserven gezehrt haben.

## Nährstoffbedarf

Wer sich eingehender mit seiner Ernährung beschäftigt, der wird die drei Gruppen lebenswichtiger Makronährstoffe bereits kennen: Kohlenhydrate, Proteine (Eiweiß) sowie Fette.

**Kohlenhydrate** versorgen die Muskeln, aber auch das Gehirn und die Nervenbahnen mit Energie und fördern die Konzentration und Koordination. **Proteine** benötigt der Körper zum Muskelaufbau sowie in seinem Abwehrsystem. **Fett** liefert dem Körper schließlich essenzielle Fettsäuren und ermöglicht es, die fettlöslichen Vitamine A, D, E und K zu verwerten.

Fachleute für Ernährung empfehlen Leuten, die Freizeitsport betreiben, eine **kohlenhydratbetonte Ernährung** mit einem Fettanteil von maximal 30 % der Gesamtenergieaufnahme. Beim Ausdauersport liegt die empfohlene Nährstoffverteilung bei rund 55 bis 60 % Kohlenhydraten, 17 bis 20 % Eiweiß und 20 bis 25 % Fett.

🛈 Ein Gramm Fett liefert satte 9,3 kcal Energie, während Kohlenhydrate und Eiweiß nur jeweils 4,1 kcal mit sich bringen. Nahrung mit einem hohen Fettanteil sorgt durch ihren höheren Energiegehalt also für leichten Proviant. Im Vergleich zu Kohlenhydraten dauert es allerdings deutlich länger, bis der Körper Fette in Energie umsetzt.

Es kann nicht schaden, diese rudimentären Grundlagen zu kennen, allerdings sollten Sie sich bei Ihren Outdoor-Aktivitäten auch keinen allzu großen Kopf über Ihre Ernährung machen. Für die Dauer eines normalen Urlaubs reicht es meist, auf eine ausreichende Energiezufuhr zu achten.

Und selbst auf Langstreckwanderungen pfeifen viele auf die empfohlene Nährstoffverteilung, hören stattdessen auf ihren Körper und ernähren sich oft monatelang zum Großteil von Schokolade und ähnlich „gesunden" Naschereien.

Wer es trotzdem genauer wissen will, der findet bei Bedarf in den Broschüren der Deutschen Gesellschaft für Ernährung (💻 www.dge.de) weitere Details zur gesunden Ernährung.

## Wasserbedarf

Wasser ist das wichtigste Lebensmittel, denn der menschliche Körper benötigt es unter anderem als Lösungs- und Transportmittel für Nährstoffe sowie zur Temperaturregelung. Ebenso wie der Energiebedarf ist allerdings auch der Wasserbedarf von Mensch zu Mensch und Tag zu Tag verschieden.

An belastungsfreien Tagen benötigen wir einen Grundumsatz von mindestens 1,5 l Flüssigkeit. Schwitzen Sie bei sportlichen Aktivitäten und hohen Temperaturen, kann sich der Bedarf gar auf bis zu 1,8 l pro Stunde erhöhen. Und

*Wasser: Planen Sie mindestens 2 bis 3 l pro Tag ein und erkundigen Sie sich vorab über verlässliche Wasserquellen*

natürlich ist die individuell benötigte Flüssigkeitsmenge auch vom jeweiligen Körperbau abhängig.

Für sportliche Aktivitäten liegen viele Empfehlungen bei Richtwerten von **30 bis 40 ml pro Tag und Kilogramm Körpergewicht**. Bei einem Gewicht von 75 kg würde das einer Flüssigkeitsaufnahme von rund 2,25 bis 3 l pro Tag entsprechen.

Ist unterwegs der **Trinkwassernachschub** nicht gewährleistet, müssten Sie folglich weitere 2 bis 3 kg pro Tag zu Ihrem Proviant hinzurechnen. Ist zumindest Wasser fraglicher oder ungeprüfter Qualität vor Ort vorhanden, kann eine ☞ **Wasseraufbereitung** die Last reduzieren.

## Mahlzeiten

Im Alltag beschränken wir uns oft auf Frühstück, Mittag- und Abendessen. Bei ausdauernden Outdoor-Aktivitäten ist es aber durchaus üblich, auf ein üppiges Mittagessen zu verzichten und stattdessen auf mehrere Zwischenmahlzeiten zu setzen. Sie vermeiden etwaige Leistungstiefs durch eine zeitlich gut abgestimmte Energiezufuhr und eine möglichst gleichmäßige Verteilung der Proteine.

In der Regel empfiehlt die Ernährungswissenschaft drei Zwischenmahlzeiten, wobei die am Mittag mehr als doppelt so üppig ausfallen sollte wie die übrigen. Bewährt hat sich dabei folgende Aufteilung:

- ▷ Frühstück: 20 bis 25 % des Energiebedarfs
- ▷ Zwischenmahlzeiten: 50 bis 60 % des Energiebedarfs
- ▷ Abendessen: 20 bis 25 % des Energiebedarfs

Liegt der voraussichtliche Energiebedarf bei 4.000 kcal und enthalten 100 g Proviant etwa 450 kcal, dann erhalten wir folgende grobe Gewichtsverteilung pro Tag:

- ▷ Frühstück: 180 bis 225 g
- ▷ Zwischenmahlzeiten: 450 bis 550 g
- ▷ Abendessen: 180 bis 225 g

Doch was genau kommt für Frühstück, Zwischenmahlzeiten und Abendessen infrage? Keine Bange, zwischen Müsli, zuckersüßen Power-Riegeln und teuren Trekking-Mahlzeiten aus dem Outdoor-Handel gibt es noch die ein oder andere Alternative.

# Frühstück

Der Klassiker ist sicher das **Müsli**. Die Mischung aus Haferflocken und anderen Getreideprodukten sowie Trockenobst, Nüssen und Samen ist schnell zubereitet und schmeckt mit Milchpulver angerührt recht gut. Zur Not ist es aber auch mit purem Wasser durchaus genießbar.

Die im Handel angebotenen Fertigmischungen sind allerdings oft wahre Zuckerbomben, deshalb sollten Sie auf Dauer eigene, etwas ausgewogenere Mischungen entwickeln. Nüsse und Samen eignen sich dabei ganz besonders für eine Extraportion Kalorien und eine höhere Energiedichte.

Für kältere Jahreszeiten und Regionen ist ein **Porridge** eine gute Alternative. Der Hafer- oder Getreidebrei, der vor allem in Großbritannien als Frühstücksmahlzeit geschätzt wird, ist quasi die warme Variante des Müslis. Für die richtige Konsistenz empfehlen sich hier allerdings zarte statt kerniger Haferflocken als Basis.

Bei vielen Outdoor-Aktivitäten kommt es nicht nur auf das Gewicht, sondern auch auf das Packmaß an. In dieser Hinsicht schneiden Müsli und Porridge vergleichsweise schlecht ab. Deutlich kompakter sind **Couscous, Polenta oder Bulgur** als Basis einer Frühstücksmischung. Erste Bioläden haben auch schon fertige Frühstücks-Couscous-Mischungen im Angebot.

Experimentieren Sie einfach auch mal mit diesen Zutaten – sie schmecken nicht nur herzhaft, sondern auch süß, und lassen sich ebenfalls warm oder kalt zubereiten. Bei kaltem Verzehr müssen Sie diese Zutaten allerdings deutlich länger einweichen und Ihr Frühstück unter Umständen schon am Vorabend zubereiten.

**Milchreis und Grießbrei** wären weitere Alternativen für kältere Jahreszeiten. Grießbrei müssen Sie nur im heißen Wasser quellen lassen und bei Milchreis erzielen Sie geringere Zubereitungszeiten durch die Verwendung von Reisflocken.

Sollte Ihnen das alles zu aufwendig sein, dann können Sie auch auf **Tortillafladen** ausweichen und diese mit Aufstrichen wie Erdnussbutter, Mandelmus oder Schokocreme bestreichen. Die dünnen Fladenbrote aus Weizen- oder Maismehl sind als Fertigprodukt erhältlich und in der Plastiktüte durchaus mehrere Tage haltbar.

Last but not least eignen sich natürlich auch alle der im Folgenden aufgeführten Zwischenmahlzeiten für ein schnelles Frühstück. Allerdings verzichten Sie dann auf ein wenig Abwechslung auf dem Speiseplan.

## Zwischenmahlzeiten

Auch hier ist das Müsli sehr beliebt – diesmal allerdings in fester Form als **Müsliriegel**.

☺ Achten Sie beim Kauf dieser Fertigprodukte auf deren Zusammensetzung und bevorzugen Sie Riegel, die trotz einer hohen Energiedichte und vergleichsweise vieler Kalorien mit wenig Zucker auskommen. Meist werden dies Müsliriegel mit einem hohen Nussanteil sein.

**Schokoriegel** und spezielle Schoko-Eiweiß-Riegel (**Proteinriegel**) sind ebenfalls recht beliebte Zwischenmahlzeiten und wahre Kalorienbomben. Allerdings bestehen sie zu rund 50 % aus Zucker und enthalten auch eher gesättigte Fettsäuren.

*Zwischenmahlzeiten: Müsli- und Proteinriegel zählen tagsüber zu den beliebtesten Snacks*

☺ Eine Tafel Schokolade und ein guter Trail Mix sind meist die bessere Wahl als teure Proteinriegel. Der Protein- und Energiegehalt ist vergleichbar und die Anteile an Fruchtzucker und ungesättigten Fettsäuren sind deutlich höher.

Eine gute Alternative sind auch **Erdnussriegel** mit Karamellüberzug (rund 550 kcal/100 g), die mit halb so viel Zucker auskommen, deutlich mehr Proteine liefern und keine Schokolade enthalten, die unterwegs schmelzen kann.

**Schokolade** liegt mit 400 bis 600 kcal pro 100-g-Tafel im oberen Bereich der Energielieferanten. Erstaunlicherweise sind hier oft die vermeintlich „leichteren" Joghurt- oder Fruchtsorten die größten Kalorienbomben. **Schokolinsen** lassen sich leichter portionieren und sind vor allem bei heißen Temperaturen eine gute Alternative. Allerdings enthalten sie noch mehr Zucker als eine Schokoladentafel.

☺ Wer weitestgehend auf zuckerarme Kalorienbomben setzt, kann sich ab und an auch mal eine süße Extraportion gönnen. Wir hatten beispielsweise auf vielen Wanderungen Karamellbonbons als allabendliches „Goodie" mit (etwa Werthers Original Sahnebonbons, 424 kcal/100 g).

Nüsse, Samen und Trockenfrüchte sind die Hauptbestandteile eines leicht salzigen **Trail Mix**. Ähnliche Mischungen sind in Europa eher als ungesalzenes **Studentenfutter** bekannt. Auch wenn die Abbildungen auf den Verpackungen meist etwas anderes versprechen, bestehen viele der im Handel erhältlichen Mischungen zum überwiegenden Teil aus Erdnüssen und Rosinen. Ebenso wie beim Müsli empfiehlt es sich deshalb auch hier, die Einzelzutaten selbst zu mischen. Wahre Kalorienbomben sind Macadamia- und Paranüsse, aber auch die Walnuss hat einen recht hohen Energiegehalt.

Zum Knabbern zwischendurch eignen sich auch **Sonnenblumenkerne**, **Bananenchips** oder andere ☞ **Trockenfrüchte** sowie ☞ **Nüsse und Samen**. Trockenfrüchte liefern dabei durch ihren Fruchtzucker schnelle Energie, während der Körper die Energie der fett- und proteinreichen Samen und Nüsse deutlich langsamer umsetzt.

Auch **Fruchtleder** liefert schnelle Energie. Der Snack ähnelt Gummibärchen, enthält aber keine Farb-, Zusatz- oder Konservierungsstoffe. Zur Herstellung pürieren Sie Obst oder Beeren und streichen die Masse dünn auf ein mit Backpapier belegtes Backblech. Zum **Dörren** im Backofen wählen Sie eine Temperatur von 50 °C und halten die Ofentür leicht geöffnet. Nach rund vier Stunden sollte sich die Masse nicht mehr klebrig anfühlen. Schneiden Sie das abgekühlte Fruchtleder dann in Streifen, rollen Sie diese auf und verpacken Sie sie luftdicht. Zum Ausprobieren: einfach mal Apfelbrei dörren!

Soll es schließlich auch mal etwas Herzhafteres sein, dann bieten sich mehrere Wochen haltbare Hartsalami und Beef Jerky an. Luftgetrocknete **Salami** (etwa 500 bis 530 kcal/100 g) ist inzwischen im Supermarkt in verschiedensten Geschmacksrichtungen als Mini-Salami erhältlich.

*Zwischenmahlzeiten: Beef Jerky und Mini-Salamis bieten eine herzhafte Abwechslung*

Bei **Beef Jerky** oder der südafrikanischen Variante **Biltong** handelt es sich um mariniertes und dann luftgetrocknetes Rind- oder Wildfleisch. Mit rund 300 kcal pro 100 g ist dieser überaus leckere und sündhaft teure Snack zwar nicht gerade eine Kalorienbombe, doch dafür liefert er jede Menge Proteine.

☺ Zwischenmahlzeiten eignen sich am besten, um dem Körper regelmäßig und über den Tag verteilt die benötigte Energie zuzuführen. Versuchen Sie einen möglichst abwechslungsreichen Mix zusammenzustellen, sonst besteht die Gefahr, dass Sie beispielsweise den ein oder anderen Riegel nach mehreren Wochen nicht mehr sehen, geschweige denn essen können.

## Abendessen

Daheim ist oft das Mittagessen die Hauptmahlzeit, unterwegs ist es meist das Abendessen. Auch wenn das Abendessen nicht die meisten Kalorien liefert, ist es als krönender Abschluss des Tages oft die einzige warme Mahlzeit. Wer dabei auf leichte, getrocknete Nahrung setzt, hat im Grunde nur drei Möglichkeiten:

- ▷ gefriergetrocknete Trekking-Mahlzeiten aus dem Outdoor-Handel
- ▷ aufguss-/anrührfertige Instant-Gerichte aus dem Supermarkt
- ▷ selbst hergestellte Trekking-Essen

*Trekking-Mahlzeiten: Diese Spezialnahrung wird mit heißem Wasser im wiederverschließbaren Alubeutel zubereitet und auch daraus verzehrt*

Bei den gefriergetrockneten **Trekking-Mahlzeiten** finden Sie im Outdoor-Handel Gerichte mit Fisch oder Fleisch, vegetarische und vegane Speisen sowie laktosefreie und glutenfreie Mahlzeiten mit rund 350 bis 420 kcal pro 100 g. Die Produkte sind in der Regel mindestens zwei Jahre haltbar und kommen auch beim Militär als Bestandteil von **MRE-Paketen** (Meal, Ready-to-Eat) zum Einsatz.

Nachteile: Sie sind verhältnismäßig teuer und für die meisten ist eine Portion beim Outdoor-Sport nicht ausreichend. Zudem enthalten sie häufig Geschmacksverstärker wie Hefeextrakt und ungesunde Palmfette mit einem hohen Anteil gesättigter Fettsäuren.

Vorteile: Sie lassen sich in der Regel direkt **in der Verpackung zubereiten**, sodass Topf und Geschirr sauber bleiben. Die Tüte wird dabei entlang einer Perforation aufgerissen, bis zu einer Fülllinie auf der Innenseite mit heißem Wasser befüllt und dann mit einem Druckverschluss wieder verschlossen. Nach rund zehn Minuten ist die Mahlzeit komplett rehydriert und verzehrfertig. Sie lässt sich dann direkt **aus der Tüte essen**. Einige Hersteller versehen ihre Verpackungen inzwischen mit einer zweiten Perforation, damit man auch mit normal langen Löffeln leichter an sein Essen gelangt.

☺ Eine normale Portion einer Trekking-Mahlzeit reicht Ihnen nicht? Dann machen Sie sich folgenden Trick zunutze: Einige Fachleute aus Wissenschaft und Sport empfehlen am Abend eine **zusätzliche Zwischenmahlzeit** kurz vor dem Zubettgehen. Dabei verringern sie das Abendessen auf 15 % des täglichen Energiebedarfs, was in etwa einer Portion einer Trekking-Mahlzeit entspricht, und setzen den Gute-Nacht-Snack mit rund 10 % an.

Bei der **Produktion** ihrer Trekking-Mahlzeiten gehen die Hersteller verschiedene Wege. Die meisten mischen ihre Fertiggerichte **aus gefriergetrockneten Einzelzutaten**. Einige Anbieter trocknen hingegen das fertig zubereitete Gericht, was etwas aufwendiger und teurer ist, aber gleichzeitig für einen besseren Geschmack sorgen soll.

*Vor Ort nachkaufen: Supermarktprodukte sollten Sie umpacken, um die Portionsgrößen zu optimieren, unnötiges Verpackungsgewicht zu vermeiden und den Müll zu minimieren*

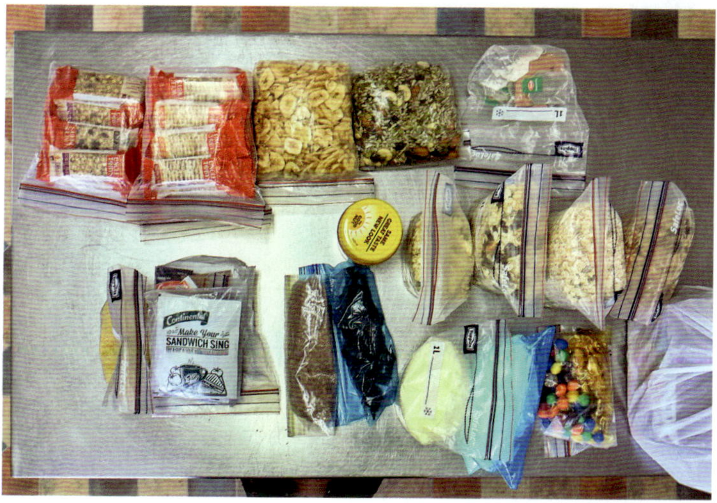

**Instant-Gerichte** oder Convenience Food im Supermarkt bietet Ihnen meist ebenfalls eine gute Auswahl gefriergetrockneter Mahlzeiten, für deren Zubereitung lediglich die Zugabe von heißem Wasser erforderlich ist.

Nachteile: Die Packungsgrößen entsprechen meist nicht den gewünschten Portionsgrößen für die Outdoor-Küche, sodass oft ein **Umverpacken erforderlich** ist. Zudem sind die Mahlzeiten nicht von Haus aus auf einen hohen Energiegehalt ausgelegt. Und selbstverständlich sind auch diese Fertiggerichte meist mit Geschmacksverstärkern und Palmfetten versetzt.

Vorteile: Sie sind – auch unterwegs – meist **leicht zu beschaffen** und dabei in der Regel auch **deutlich günstiger** als die Trekking-Mahlzeiten im Outdoor-Handel.

Instant-Gerichte sind meist aufguss- oder anrührfertig. Oft verlangt der Hersteller allerdings eine zusätzliche **Kochzeit von 5 bis 15 Minuten**. In der Regel ist diese jedoch nicht erforderlich und das Ergebnis ebenso gut, wenn Sie die Mahlzeit einfach genauso lange im heißen Wasser ruhen lassen.

*Ramen: Die asiatischen Instant-Nudeln sind in der Ultraleicht-Küche sehr beliebt*

**Ramen** ist der absolute Outdoor-Klassiker aus dem Supermarkt. Die fernöstliche Instant-Nudelsuppe ist billig, in zwei Minuten verzehrfertig und hat oftmals einen ebenso hohen Energiegehalt wie die üblichen Trekking-Mahlzeiten.

Die Packungen enthalten meist einen Block aus **Instant-Nudeln**, die durch einen Frittierprozess haltbar gemacht wurden, sowie mehrere kleine Tütchen mit Gewürzmischungen, Soßen und Ölen. Alle Zutaten übergießen Sie einfach mit heißem Wasser, rühren einmal um, warten zwei Minuten – fertig!

Ramen oder „asiatische Instant-Nudelsuppen“ sind in verschiedensten Geschmacksvarianten fast überall erhältlich. In Asia-Läden finden Sie allerdings auch Ramen aus asiatischer Produktion, die geschmacklich meist besser sind als die entsprechenden Suppen aus westlicher Produktion.

☺ Kneten Sie die Tüten ein wenig, um die Nudelnester vorsichtig zu zerkleinern. Sie lassen sich dann leichter löffeln und in kleinen Töpfen einfacher zubereiten.

In gut sortierten Supermärkten sowie Bio- und Drogeriemärkten sind inzwischen auch Fertigmischungen auf Basis von **Couscous** oder **Bulgur** erhältlich, die mit getrockneten Gewürzen und Gemüse angereichert sind. Diese Fertiggerichte dürften noch zu den gesündesten Alternativen zählen, allerdings ist ihr Energiegehalt mit rund 325 kcal pro 100 g relativ niedrig. Wer mehr Kalorien benötigt, reichert diese Mahlzeiten mit Öl (884 kcal/100 g) und Nüssen (etwa 570 bis 720 kcal/100 g) an.

*Überschaubares Angebot: Versuchen Sie vorab in Erfahrung zu bringen, welche Lebensmittel in den Geschäften vor Ort verfügbar sind*

☺ Besuchen Sie bei Auslandsreisen vor Tourantritt lokale Supermärkte und machen Sie sich mit den landestypischen Instant-Produkten vertraut. Das Angebot variiert von Land zu Land. Müsli und Milchpulver sind beispielsweise in Australien selbst in kleinsten Ortschaften erhältlich, während sie – ebenso wie „Tütensuppen“ – in weiten Teilen der USA nur selten zu bekommen sind. Wenn Sie sich vorab mit möglichen Alternativen vertraut machen, ersparen Sie sich unterwegs unnötigen Stress und haben gute Chancen, auch im kleinsten General Store klarzukommen.

**Selbst hergestelltes Trekking-Essen** erfordert **zwei Zubereitungsphasen**: ein mal daheim vor der Tour und einmal unterwegs. Bei der Zubereitung daheim halten Sie es wie die Hersteller handelsüblicher Trekking-Mahlzeiten und mischen entweder bereits getrocknete Zutaten oder trocknen das komplette Gericht im Backofen oder Dörrgerät.

Nachteile: Die Herstellung ist etwas aufwendiger. Selbst gedörrte Mahlzeiten und Zutaten sind auch **nicht ganz so lange haltbar** wie industriell getrocknete Lebensmittel.

Vorteile: Sie können auf Zucker, Geschmacksverstärker oder ungesunde Fette weitestgehend verzichten und Ihre Trekking-Mahlzeiten ganz **dem eigenen Geschmack anpassen**.

Tasten Sie sich langsam an eigene Rezepte heran, indem Sie zunächst Fertigprodukte aus dem Supermarkt neu kombinieren bzw. durch eigene Zutaten ergänzen oder die ☞ Rezepte dieses Buchs verwenden. Wollen Sie später aus normalen Kochrezepten das ungefähre Mischungsverhältnis für bereits getrocknete Zutaten ermitteln, dann sollten Sie sich am üblichen **Wassergehalt** der jeweiligen Zutaten orientieren.

Sellerie hat beispielsweise einen Wassergehalt von 95 % und durch die Gefriertrocknung werden dem Gemüse rund 98 % der Feuchtigkeit entzogen. Somit würden 100 g frischer Sellerie knapp 7 g gefriergetrocknetem Sellerie entsprechen. Bei selbst gedörrten Zutaten sollten Sie die Restfeuchtigkeit mit rund 10 % etwas höher ansetzen.

# Zutaten für eigene Rezepte

Grob wissen Sie nun bereits, wie Ihr Speiseplan in der ultraleichten Outdoor-Küche aussehen könnte. Im Folgenden finden Sie für eigene Rezeptkreationen weitere Details zu einzelnen Nahrungsmitteln, deren Energiegehalt und Konservierung.

## Getrocknete Nahrung

Unsere Lebensmittel bestehen zu einem Großteil aus Wasser, das sie schwer und verderblich macht. Für alle, die wirklich leicht unterwegs sein wollen, kommen deshalb eigentlich nur zwei Arten von Lebensmitteln infrage:

- ▷ frische Lebensmittel zum direkten Verzehr
- ▷ durch Trocknung konservierte Lebensmittel

Nutzen Sie – wo immer es geht – **frische Lebensmittel**, um Ihre getrocknete Nahrung zu ergänzen. Denken Sie dabei nicht nur an den nächsten erreichbaren Ort mit Lebensmittelgeschäften, sondern auch an Obst, Beeren oder Pilze am Wegesrand für den direkten Verzehr.

*Unterwegs frisch gepflückte Blaubeeren oder anderes Obst verfeinern das Frühstücksmüsli und sorgen für etwas Abwechslung*

Frisch gepflückte Molte- und Blaubeeren in Lappland oder Himbeeren und Brombeeren in unseren Breitengraden peppen das morgendliche Müsli ungemein auf und Sie müssen diese vor Ort gepflückten Leckereien auch nicht lange durch die Gegend schleppen.

Ist frische Nahrung nicht ausreichend verfügbar, weichen Sie auf **getrocknete Lebensmittel** aus, die durch den Wasserentzug deutlich länger haltbar, kompakter und erheblich leichter gemacht werden. Üblich sind dabei drei verschiedene Trocknungsverfahren:

- ▷ Lufttrocknung oder Dörren
- ▷ Sprühtrocknung
- ▷ Gefriertrocknung

Beim **Dörren**, einer der ältesten Konservierungsmethoden überhaupt, erfolgt der Wasserentzug (Dehydration) durch trockene, warme Luft, die an den Lebensmitteln vorbeiströmt. Früchte, Gemüse und Pilze werden dabei meist zwischen sechs und zwölf Stunden lang Temperaturen zwischen 30 und 70 °C ausgesetzt. Vitamine, Mineralstoffe und Nahrungsfasern bleiben beim Dörren erhalten, Geschmack und Konsistenz der Lebensmittel können sich allerdings verändern.

*Dörrgeräte: Auf mehreren Dörretagen lassen sich einzelne Zutaten oder komplett zubereitete, fettarme Gerichte trocknen*

Dörren können Sie auch daheim – entweder auf Rosten **im Backofen oder mit speziellen Dörrgeräten**, die warme Luft über mehrere Dörretagen hinwegführen. Aufgrund des hohen Zeit- und Energieaufwands werden Sie darauf aber vermutlich meist nur dann zurückgreifen, wenn entsprechende Fertigprodukte exorbitant teuer oder schlicht nicht im Handel verfügbar sind.

Sprüh- und Gefriertrocknung kommen ausschließlich in der industriellen Fertigung zum Einsatz. Die **Sprühtrocknung** zerstäubt flüssige Lebensmittel und setzt sie dann einem heißen Luft- oder Gasstrom aus, der sie in Sekundenbruchteilen trocknet. Als Endprodukt liefert dieses Verfahren ein feines Pulver (etwa **Milch-, Ei- oder Cappuccinopulver**).

Noch aufwendiger ist die **Gefriertrocknung**, bei der gefrorenen Lebensmitteln in einer Vakuumkammer Wasser entzogen wird. Unterdruck sorgt hier dafür, dass das gefrorene Wasser während des Trocknungsvorgangs direkt vom eis- in den gasförmigen Zustand übergeht. Der Vorteil: Durch die sehr schonende Trocknung bei niedrigen Temperaturen bleiben Aromastoffe deutlich besser erhalten als bei anderen Trocknungsverfahren.

☺ Vor allem bei gefriergetrockneten Kräutern wie Basilikum macht sich dieser **Aromavorteil** deutlich bemerkbar!

**i** Eine **konservierende Wirkung** durch Trocknung erreichen Sie bei Lebensmitteln durch Reduzierung des Wassergehalts auf weniger als 15 %. Die meisten Bakterien vermehren sich zwar schon bei weniger als 35 % nicht mehr, doch Schimmelpilze sind auch noch bei weniger Restfeuchtigkeit zersetzend tätig.

Wollen Sie Zutaten oder komplette Mahlzeiten selbst dörren, dann sollten Sie ein paar grundlegende Tipps beherzigen:

- ▷ Dörren Sie komplette Mahlzeiten, dann bereiten Sie diese daheim möglichst ohne Fette oder Öle zu, die schnell verderben und ranzig werden. Geben Sie Fette und Öle stattdessen erst bei der Zubereitung unterwegs hinzu.
- ▷ Verarbeiten Sie rohes Fleisch, dann sollten Sie sich strikt an die hygienischen Küchenregeln halten. Empfehlenswert ist es zudem, das Fleisch zumindest einmal für zehn Minuten auf eine Kerntemperatur von 80 °C zu bringen (☞ Beef Jerky).
- ▷ Legen Sie bei zähflüssigem Dörrgut die Dörrgitter mit Backpapier aus.
- ▷ Achten Sie auf eine möglichst gleichmäßige Verteilung des Dörrguts. Arbeiten Sie mit mehreren Dörretagen, sollten Sie die unterste Etage in regelmäßigen Abständen ganz nach oben versetzen. Auf diese Weise erhalten Sie ein deutlich gleichmäßigeres Ergebnis.
- ▷ Dörren Sie im Backofen, dann muss die Backofentür stets einen Spalt geöffnet sein, damit feuchte Luft entweichen kann. Halten Sie die Tür gegebenenfalls mit einem Kochlöffel geöffnet.
- ▷ Nach dem Abkühlen sollten Sie das Dörrgut umgehend luftdicht verpacken, damit es keine Feuchtigkeit mehr aufnehmen kann.
- ▷ Wiegen Sie Ihr Essen vor und nach dem Dörren, damit Sie wissen, wie viel Wasser Sie unterwegs zum Rehydrieren benötigen. Der Gewichtsunterschied in Gramm entspricht dabei der benötigten Wassermenge in Millilitern.

## Sättigungsbeilagen

Der aus DDR-Zeiten stammende Begriff „Sättigungsbeilage“ steht für kohlenhydratreiche Lebensmittel, die Energie und Ballaststoffe liefern sowie zur Sättigung beitragen. Hierunter fallen vor allem **Nudeln, Kartoffeln und verschiedene Getreidearten**. Wir fassen den Begriff weiter und berücksichtigen hier auch **Hülsenfrüchte**.

Mit durchschnittlich knapp 350 kcal pro 100 g Trockengewicht zählen die Sättigungsbeilagen in der ultraleichten Outdoor-Küche nicht zu den größten Energieträgern. Trotzdem sind sie ideal als Basis warmer und kalter Trekking-Mahlzeiten. Die wichtigsten Eckdaten zeigt die folgende Liste:

- ▷ Couscous (vorgegart), etwa 352 kcal, rund fünf Minuten im heißen Wasser quellen lassen. Couscous aus Kichererbsenmehl hat im Vergleich zur normalen Variante aus Hartweizenvollkorngrieß mehr Proteine.
- ▷ Bulgur (vorgegart), etwa 342 kcal, feinkörnigen Bulgur rund sieben Minuten im heißen Wasser quellen lassen, grobkörniger Bulgur benötigt deutlich längere Quellzeiten.
- ▷ Instant-Kartoffelbrei, etwa 359 kcal, rund zwei Minuten im heißen Wasser quellen lassen
- ▷ Instant-Nudeln/Mie-Nudeln, etwa 364 kcal, zwei bis fünf Minuten im heißen Wasser quellen lassen
- ▷ Nudeln, etwa 350 kcal, Kochzeit drei bis zehn Minuten, gelingen mit geringen Geschmackseinbußen auch mit entsprechend langer Quellzeit
- ▷ Sojagranulat, etwa 322 kcal, fünfzehn Minuten kochen oder etwas länger einweichen lassen
- ▷ Reisflocken, etwa 352 kcal, Kochzeit rund eine Minute, ideal für Milchreisrezepte
- ▷ Reis, etwa 352 kcal, Kochzeit rund fünfzehn Minuten bei kleiner Flamme, kürzere Zeiten durch Vorkochen und Dörren oder die Verwendung von vorgekochtem Kurzkoch-Reis (etwa Wurzener KUKO-Reis, 💻 www.wurzener.de)
- ▷ Rote Linsen wie Reis und Kichererbsen wie Reis, etwa 343 bzw. 364 kcal, im Bio-Laden (💻 www.alnatura.de) erhältliche, proteinreiche Reisalternativen aus Linsen- oder Kichererbsenmehl, aufkochen und im heißen Wasser ziehen lassen, leicht mehlige Konsistenz
- ▷ Linsen, etwa 329 kcal, rote Linsen mit rund zehn Minuten Kochzeit oder vorgekochte Kurzkoch-Linsen (etwa Wurzener KUKO-Linsen, 💻 www.wurzener.de), andere Sorten deutlich länger, lange Einweichzeiten verkürzen die Kochzeit.
- ▷ Bohnen, etwa 340 kcal, und Kichererbsen, etwa 305 kcal, die sehr langen Kochzeiten lassen sich durch Vorgaren und Dörren umgehen.

☺ Berücksichtigen Sie bei der Entwicklung eigener Rezepte nicht nur die Energiedichte, sondern auch das **Packmaß** und die jeweils notwendigen Garzeiten der Sättigungsbeilagen. Vergleichsweise gut schneiden hier **Couscous** und **Instant-Kartoffelbrei** ab.

## Trockenfrüchte

*Bananenchips: Die meist gezuckerten Kalorienbomben sind eine gute Alternative zu Schokolade*

Trockenfrüchte sind durch ihren Fruchtzucker ein schneller Energielieferant. Als Zwischenmahlzeit schmecken sie pur oder gemischt mit Nüssen und Samen, beim Frühstück sorgen sie im Müsli für den richtigen Geschmack und manchem Abendessen verleihen sie gar eine exotische Note.

Wer entsprechende Unverträglichkeiten hat, der sollte beim Trockenobst nicht nur auf frische, sondern auch auf **ungeschwefelte Ware** achten. Der Schwefel sorgt zwar für eine bessere Farbe der Früchte und eine etwas längere Lagerzeit, doch es geht auch ohne diesen Zusatz. Bei Biotrockenfrüchten ist die Schwefelung der Früchte beispielsweise gar nicht erlaubt.

Die folgende Liste gibt Ihnen einen Überblick zum Energiegehalt verschiedener Trockenfrüchte pro 100 g. Die tatsächlichen Brennwerte können allerdings von Hersteller zu Hersteller leicht unterschiedlich sein.

- ▷ Ananas, 315 kcal
- ▷ Apfel, 278 kcal
- ▷ Aprikose, 249 kcal
- ▷ Aroniabeere, 366 kcal
- ▷ Banane (Chips), 530 kcal
- ▷ Banane (Stücke), 297 kcal
- ▷ Birne, 262 kcal
- ▷ Cranberry, 355 kcal
- ▷ Dattel, 285 kcal
- ▷ Erdbeere, 375 kcal

- ▷ Feige, 284 kcal
- ▷ Gojibeere, 343 kcal
- ▷ Heidelbeere, 359 kcal
- ▷ Himbeere, 263 kcal
- ▷ Kiwi, 251 kcal
- ▷ Mango, 317 kcal
- ▷ Papaya, 370 kcal
- ▷ Pflaume, 261 kcal
- ▷ Sauerkirsche, 296 kcal
- ▷ Weintraube, 304 kcal

## Nüsse und Samen

Die geschmackvollste Lösung, den Energiegehalt einer Mahlzeit in die Höhe zu treiben, bieten Nüsse und Samen. Ihr **hoher Fett- bzw. Ölgehalt** macht die knackigen Kerne zu echten Kalorienbomben. Nüsse und Samen tragen aber auch zur Eiweißversorgung bei und liefern dem Körper wertvolle Vitamine und Mineralstoffe (kcal-Angaben pro 100 g).

- ▷ Cashewkerne, 603 kcal (geröstet und gesalzen 626 kcal)
- ▷ Chiasamen, 465 kcal
- ▷ Erdnusskerne (geröstet und gesalzen), 639 kcal
- ▷ Haselnusskerne, 666 kcal
- ▷ Kokosnuss (geraspelt), 679 kcal
- ▷ Kürbiskerne (schalenlos), 587 kcal
- ▷ Leinsamen, 543 kcal
- ▷ Macadamianüsse (geröstet und gesalzen), 756 kcal
- ▷ Mandeln, 619 kcal (geröstet und gesalzen 643 kcal)
- ▷ Paranusskerne, 687 kcal
- ▷ Pekanusskerne, 746 kcal
- ▷ Pinienkerne, 697 kcal
- ▷ Pistazienkerne, 615 kcal
- ▷ Sesam (ungeschält), 638 kcal
- ▷ Sojakerne (geröstet), 489 kcal
- ▷ Sonnenblumenkerne, 624 kcal
- ▷ Walnusskerne, 679 kcal

☺ Aufgrund des hohen Anteils an Fetten und Ölen sollten Sie bei Nüssen und Samen ein besonderes Augenmerk auf **frische Ware** legen. Machen Sie vor der Verwendung stets eine Kostprobe: Was muffig oder ranzig schmeckt, gehört in die Mülltonne!

## Fette und Öle

Energie pur liefern Fette und Öle. Sie eignen sich allerdings nicht nur für eine Extraportion Kalorien, sondern auch als **Geschmacksverstärker**. Viele Aromastoffe sind fettlöslich und sprechen die Geschmacksrezeptoren auf der Zunge mit ein wenig Fett oder Öl deutlich besser an. Hersteller von Trekking-Mahlzeiten fügen ihren Produkten deshalb häufig **Fettpulver** auf der Basis von Palmöl hinzu.

Im Einzelhandel sind derartige Pulver kaum zu bekommen. Bei selbst gemischten oder gedörrten Trekking-Mahlzeiten empfiehlt es sich, möglichst öl- und fettfrei zu arbeiten, um einen ranzigen Geschmack zu vermeiden. Fett oder Öl geben Sie dann unterwegs hinzu.

▷ Butter, 741 kcal
▷ Butterschmalz, 884 kcal
▷ Bratfett, 900 kcal
▷ Distelöl, 828 kcal
▷ Raps-/Sonnenblumenöl, 884 kcal
▷ Albaöl (Rapsöl mit Butteraroma), 900 kcal

☺ Relativ unbekannt ist das schwedische **Albaöl**, das Butter beim Braten, Backen oder auch als Brotaufstrich ersetzen kann. Die Basis des Albaöls ist ein neutral schmeckendes Rapsöl, das durch die Zugabe naturidentischer Aromastoffe den Geschmack und Geruch von Butter erhält. Im Online-Handel ist es problemlos erhältlich.

# Tipps zur Zubereitung

Bei der Zubereitung warmer Trekking-Mahlzeiten gibt es einen Tipp, der über allem steht: **Energie und Brennstoff** sparen, wo immer es möglich ist! Energieverschwendung bedeutet Mehrgewicht.

# Energie und Brennstoff sparen

Mit zunehmender Erfahrung werden Sie häufiger mit weniger Brennstoff auskommen als geplant und schließlich von Tour zu Tour etwas leichter starten können. Im Folgenden finden Sie für den Einstieg **15 grundlegende Tipps** zum energie- und brennstoffsparenden Kochen unterwegs:

1. Eine **windgeschützte Kochstelle** vermeidet unnötige Energieverluste. Am effizientesten ist der Einsatz eines geeigneten Windschutzes direkt am Kochsystem in Kombination mit einer gut geschützten Kochstelle im Windschatten eines Felsens oder in einer Kuhle. Verzichten Sie auch bei vermeintlicher Windstille nicht auf solch einen doppelten Windschutz. Die äußeren Bedingungen können sich schnell ändern und selbst die kleinste Brise erhöht den Brennstoffbedarf.
2. Wichtig ist ein **sicherer Stand des Kochers**. Gerade bei hohen Kochsystemen mit Gaskartusche, Aufschraubkocher und schmalem Topf kann bereits ein heftiger Windstoß ausreichen, um den „Turmbau" zum Einsturz zu bringen. Im schlimmsten Fall drohen dabei üble Verbrennungen, auf jeden Fall werden Sie aber unnötige Proviant- und Brennstoffverluste zu beklagen haben.
3. Achten Sie auf eine **feuerfeste Kochstelle**. Zumindest in den Sommermonaten ist die Waldbrandgefahr erheblich. Selbst wenn Sie größere Schäden oder gar Naturkatastrophen vermeiden können, drohen bei etwaigen Löschversuchen Proviant- und Brennstoffverluste.
4. **Frühzeitiges Rehydrieren** verkürzt die Kochzeiten. Geben Sie Instant-Gerichte und Trekking-Mahlzeiten einige Stunden vorher oder spätestens bei Ankunft im Camp ins Wasser, um getrocknete Zutaten bereits vor dem Kochen wieder auf den Flüssigkeitsgehalt frischer Lebensmittel zu bringen. Insbesondere bei Instant-Gerichten aus dem Supermarkt entfällt ein Großteil der vom Hersteller empfohlenen Kochzeit auf die Rehydrierung der jeweiligen Zutaten.
5. Benötigte **Wasser- und Brennstoffmenge kalkulieren**: Vor dem Kochvorgang sollte genau feststehen, wie viel heißes Wasser Sie benötigen. Nur dann können Sie bei einem Spirituskocher/Dosenkocher die benötigte Brennstoffmenge kalkulieren sowie Energie- und Brennstoffverluste durch Über- oder Unterfüllung des Brenners vermeiden.
6. **Benötigte Wassertemperatur** beachten! Für warme Getränke und Mahlzeiten ist nicht immer kochend heißes Wasser erforderlich. Beim sofortigen Verzehr von Tee oder Kaffee ist es beispielsweise sinnvoll, das Getränk direkt mit

Trinktemperatur zu servieren (☞ „Die richtige Wassertemperatur“ und ☞ „Heißgetränke“).

7. **Vorgewärmtes Wasser** verwenden: Frisch aus der Quelle oder dem Fluss ist das Wasser meist sehr kalt. Deshalb füllen Sie in wärmeren Jahreszeiten Ihr Wasser besser direkt bei Ankunft am Übernachtungsort ab und erwärmen es an der Luft oder in der Sonne, um beim Kochen des Abendessens Brennstoff zu sparen. Bei Minusgraden ist das Wasser aus dem Bach immer wärmer als die Außentemperaturen.

8. **Vorgewärmter Brennstoff** reduziert bei kühleren Temperaturen die Energieverluste während der Startphase des Kochers. Nehmen Sie die Brennstoffflasche oder Gaskartusche mit in den Schlafsack oder stecken Sie sie unter Ihre Isolierjacke, um den Brennstoff anzuwärmen.

9. **Lebensmittel klein schneiden**. Wer Gemüsestücke oder andere Zutaten seiner Trekking-Mahlzeiten bereits daheim in sehr kleine Stücke schneidet, erzielt unterwegs deutlich kürzere Zeiten beim Rehydrieren und Erwärmen, als wenn die Stücke sehr grob geschnitten sind.

10. **Nie ohne Topfdeckel** kochen! Was daheim in der Küche gilt, spart auch unterwegs jede Menge Brennstoff und deshalb gehört auf jeden Topf ein Deckel.

11. **Erst alles vorbereiten**, dann den Kocher entzünden. Vermeiden Sie es, während des Kochens den Brenner abschalten zu müssen, um beispielsweise noch ein wenig Wasser aus dem Fluss zu holen oder weitere Zutaten aus dem Rucksack zu kramen.

12. **Gar ziehen statt kochen** und Nachgar- oder Quellzeiten nutzen. Reis ist das beste Beispiel: Sie können ihn 15 bis 20 Minuten sprudelnd kochen oder aber nach dem Aufkochen in annähernd gleicher Zeit gar ziehen lassen. Das Garziehen bei Temperaturen zwischen 70 und 100 °C funktioniert aber auch bei vielen anderen Lebensmitteln.

13. **Warmes Essen warm halten**, um Wärmeverluste beim Garziehen zu vermeiden. Idealerweise verpacken Sie Ihren Topf in einem ☞ Pot Cozy. Zur Not reicht es aber auch, ihn im Schlafsack oder mit einem passenden Kleidungsstück vor Wärmeverlusten zu schützen.

14. **Warmes Wasser in Isolierflaschen aufheben**. Normalerweise sollten Sie gar kein heißes, aber aktuell nicht benötigtes Wasser übrig haben. Ist dies aber trotzdem mal der Fall, dann sollten Sie es – wenn möglich – in einer Isolierflasche warm halten, um die Restwärme später noch nutzen zu können.

15. Zumindest ab und an die **kalte Küche nutzen**! Jede Mahlzeit, die Sie kalt zubereiten, reduziert den Brennstoffbedarf. Verzichten Sie morgens doch mal auf eine heiße Tasse Kaffee (☞ Kalter Kaffee) und planen Sie auch mal kalt zubereitete Trekking-Mahlzeiten ein (☞ Couscous-Salat).

## Die richtige Wassertemperatur

Um Brennstoff zu sparen, sollten Sie stets nur so viel Wasser erhitzen, wie Sie für den jeweiligen Anwendungszweck zwingend benötigen. Bei der **Zubereitung von Heißgetränken** für den sofortigen Verzehr sparen Sie beispielsweise rund ein Drittel Energie, wenn Sie diese gleich mit der üblichen **Trinktemperatur** von 60 bis 65 °C herstellen. Mit einem Trick lassen sich dabei sogar die unterschiedlichen **Zubereitungstemperaturen** von Tee, Kaffee oder Kakao berücksichtigen.

Und so geht's: Am einfachsten ist es, wenn Sie **heißes und kaltes Wasser mischen**, um die gewünschten Wassertemperaturen zu erreichen. Zur Berechnung der benötigten Wassermengen verwenden Sie die **Richmannsche Mischungsregel**:

$$Mw = - (Tk - T) / (Tw - Tk) * M$$

T steht dabei für die Zieltemperatur und M für die gewünschte Menge. Mk und Tk definieren entsprechend die Kaltwasserwerte, Mw und Tw den Warmwasseranteil.

Ein Beispiel: Ihnen steht kaltes Wasser mit einer geschätzten Temperatur von 20 °C (Tk) zur Verfügung und Sie wollen 1 l (M) grünen Tee herstellen, dessen ideale Zubereitungstemperatur bei 70 °C (T) liegt. Kochendes Wasser hat (auf Normalhöhennull) eine Temperatur von 100 °C, kühlt nach dem Abschalten des Kochers allerdings innerhalb kürzester Zeit wieder auf 95 °C ab. Deshalb rechnen Sie mit 95 °C (Tw), um auch die Zeit für das Abschalten des Kochers und das Verpacken des Topfs im ☞ Pot Cozy zu berücksichtigen:

$$Mw = - (20 - 70) / (95 - 20) * 1\ l = 2/3\ l$$

Laut der Richmannschen Mischungsregel benötigen Sie also **für 1 l grünen Tee nur 0,66 l kochendes Wasser** und dementsprechend 0,33 l kaltes Wasser. Nach dem Ziehen dürfte der Tee in diesem Fall gleich Trinktemperatur erreicht haben, sodass kein erneutes Herunterkühlen erforderlich ist. Grobe Faustregeln zu dieser Methode finden Sie übrigens im ☞ Kapitel Rezepte, Heißgetränke.

☺ Ein Online-Rechner (💻 rechneronline.de) oder eine Smartphone-App erspart Ihnen die lästige Rechnerei. Suchen Sie im jeweiligen App-Store einfach nach **„Mischungsrechner“** und berechnen Sie vor der Tour die Mischungsverhältnisse für typische Szenarien wie Ihren Frühstückskaffee oder den Tee zum Abendessen.

*Wassertemperatur: Oftmals reicht es, wenn Sie nur einen Teil der benötigten Warmwassermenge zum Kochen bringen*

Ganz **ohne Mathematik** geht es, wenn Sie die **Wassertemperatur visuell bestimmen**. Bereits zu Zeiten der Ming-Dynastie hat man in der chinesischen Teekunst die aufsteigenden Luftblasen im Wasser beobachtet, um dessen Temperatur näherungsweise zu bestimmen. Die alten Teemeister unterschieden dabei folgende Blasenformen:

- **Shrimp Eyes**: Die „Garnelenaugen" bezeichnen die ersten kleinen Luftblasen, die sich beim Erhitzen des Wassers als Schicht am Topfboden bilden. Typische Temperatur: etwa 70 °C.
- **Crab Eyes**: Die stecknadelkopfgroßen „Krabbenaugen" entstehen, wenn bei Raumtemperatur der erste Wasserdampf aufsteigt. Die Wassertemperatur liegt dann bei etwa 80 °C.
- **Fish Eyes**: Die „Fischaugen" sind so groß wie Austernperlen und erscheinen ab rund 85 °C. Jetzt steigt auch deutlich mehr Wasserdampf auf und im Topf wird es zunehmend lauter.
- **String of Pearls**: Die „Perlenkette" entsteht durch einen ständigen Strom von Luftblasen, die wie an einer Kettenschnur aufgefädelt erscheinen. Typische Wassertemperatur: 90 bis 95 °C.
- **Raging Torrent**: Der „brodelnde Strom" ist bei 100 °C erreicht. Das Wasser tobt im Topf und einzelne Blasen sind kaum noch zu erkennen. Höchste Zeit, den Kocher auszumachen.

In der Praxis ist diese Methode allerdings deutlich ungenauer und komplizierter. Zudem müssen Sie während der Aufheizphase mehrfach den Deckel vom Topf nehmen, was zu unnötigen Energieverlusten führt.

## Freezer Bag Cooking

Kochen **ohne Abwasch** – das ist einer der größten Vorteile der im Handel erhältlichen Trekking-Mahlzeiten, die in wiederverschließbaren **Alutüten** verpackt sind. Das Freezer Bag Cooking bieten Ihnen bei selbst zubereiteten Mahlzeiten denselben Komfort. Hier verwenden Sie allerdings **Gefrierkochbeutel** mit Druckverschluss (Ziploc- oder Double-Ziploc-Beutel).

Die Zubereitung erfolgt in beiden Fällen komplett in der wiederverschließbaren Tüte, aus der Sie auch essen. Der **Topf bleibt sauber** und es kann nichts anbrennen, da Sie darin nur Wasser erhitzen. Bei diesem Verfahren kommen Sie zudem mit einem etwas kleineren Topf aus, da dieser nur die zur Dehydrierung benötigte Wassermenge, nicht aber die komplette Mahlzeit fassen muss.

Das Kochen in der Tüte hat allerdings auch **Nachteile**. So ist die Zubereitung und auch das Essen aus der Tüte **umständlicher**. Passt man nicht auf, dann sammelt sich die getrocknete Nahrung gerne in den Tütenzipfeln und rehydriert dort nicht komplett. Der anschließende Verzehr erfordert oft einen längeren Löffel, damit die Hände nicht in die Tüte eintauchen müssen und sauber bleiben. Zudem können die Tüten bereits beim Transport **durch spitze Gegenstände beschädigt** werden. Und: Sie produzieren **jede Menge Müll**, den Sie unter Umständen auch noch mehrere Tage bis zur nächsten Entsorgungsmöglichkeit tragen müssen. Bis dahin können etwaige **Essensreste in der Tüte** zudem Ungeziefer, Nager und andere Tiere auf Futtersuche anlocken.

Wer es trotzdem ausprobieren möchte, der sollte beim Freezer Bag Cooking auf jeden Fall Gefrierkochbeutel verwenden, die **temperaturbeständig** sind und hitzebedingte Auflösungserscheinungen oder das Auslösen schädlicher Chemikalien vermeiden. Derartige Gefrierkochbeutel bestehen aus einer Spezialfolie, die sich für Temperaturen bis deutlich über 100 °C eignet, und werden in der klassischen Küche auch für die Zubereitung im Wasserbad eingesetzt.

Kostengünstige Alternative: gebrauchte Alubeutel gekaufter Trekking-Mahlzeiten. Nach ausgiebiger Reinigung und bei sorgfältiger Behandlung lassen sich diese Beutel durchaus mehrfach wiederverwenden.

☺ Auch beim Kochen im Beutel sollten Sie nicht auf einen ☞ **Pot Cozy** verzichten. Ummanteln Sie die Tüte Ihrer Trekking-Mahlzeit mit einem zusätzlichen Isolierbeutel, dann bleibt das Essen nicht nur länger warm, sondern die Tüte lässt sich beim Verzehr auch leichter greifen. Isolierbeutel mit flachem Boden erlauben beim Essen sogar das Abstellen der Mahlzeit.

# Rezepte

Abendessen in Lappland, Schweden

Trekking-Mahlzeiten aus dem Outdoor-Handel sind auf Dauer recht teuer und Fertiggerichte aus dem Supermarkt entsprechen nicht immer den eigenen Vorlieben oder verwenden Geschmacksverstärker und andere Zusatzstoffe, auf die Sie vielleicht verzichten wollen oder gar müssen.

Die folgenden Rezepte sollen Ihnen vor allem als Anregung für die Entwicklung eigener Ideen dienen. Dabei stehen alle Rezeptvorschläge unter dem Ultraleicht-Motto **„Unterwegs wird nur Wasser gekocht – alles andere machen Sie daheim!"**.

Bei den meisten Rezepten unterteilen sich die Zubereitungshinweise in einen Teil für die Vorbereitungen zu Hause und einen weiteren Teil für die Zubereitung während Ihrer Outdoor-Aktivitäten. Vor allem bei der Zubereitung vor Ort finden Sie auch weitere Tipps, um den Geschmack zu variieren oder zu verbessern bzw. nochmals ein wenig Brennstoff (und damit auch Gewicht) zu sparen.

Eine kleine Warnung vorab: Einige der Rezeptvorschläge werden Sie geschmacklich mit Sicherheit überraschen, denn **ultraleicht kann richtig lecker sein!** Draußen schmeckt ohnehin vieles besser als daheim.

Andere Gerichte entsprechen vielleicht weniger Ihren Vorstellungen und reichen auch nicht an ähnliche Rezepte der klassischen Küche heran. Kochen ultraleicht ist keine Haute Cuisine! Sie kann es auch nicht sein. Sollten Sie aber Verbesserungsvorschläge zu dem ein oder anderen Rezept haben oder Ihre Eigenkreationen mit anderen teilen wollen, dann kontaktieren Sie mich über meine Website 💻 happyhiker.de. Ich werde Ihre Anregungen gerne in einer Neuauflage dieses Buches berücksichtigen!

ℹ Alle Nährwertangaben sind Näherungswerte und beziehen sich auf das „Tragegewicht" der Lebensmittel. Dieses Tragegewicht umfasst die getrocknete Mahlzeit und mitzuführende Zutaten wie etwa Öl, die Sie erst bei der Zubereitung hinzugeben.

☺ Die Anzahl der Portionen bei den aufgeführten Rezepten orientiert sich an der praxisgerechten Zubereitung, etwaigen Packungsgrößen und einer möglichst energieeffizienten Auslastung von Dörrautomaten oder anderen Geräten. Für die Zubereitung unterwegs sind immer die Mengen für eine Portion angegeben.

# Heißgetränke

## Zubereitung unterwegs

Wasser
Tee, Vollmilchpulver (26 % Fettgehalt), Kakaopulver oder Instant-Kaffeepulver

Verbrennen Sie sich nicht den Mund – sparen Sie Brennstoff und bereiten Sie Heißgetränke gleich mit Trinktemperatur zu. Tee, heiße Milch, Kakao und Kaffee erfordern dabei aber unterschiedliche Zubereitungstemperaturen. So liegt die optimale Brühtemperatur von grünem Tee deutlich niedriger als die von schwarzem Tee und bei Temperaturen über 70 °C soll beispielsweise Milchpulver wichtige Vitamine und Nährstoffe verlieren. Etwas vereinfacht ergeben sich folgende Richtwerte:

▷ 95 °C: schwarzer Tee, Früchtetee, Kräutertee
▷ 80 °C: Oolong-Tee, gelber Tee, Instant-Kaffee
▷ 70 °C: grüner Tee, weißer Tee, Milch, Kakao
▷ 60 °C: japanischer grüner Tee

Mit den folgenden Faustregeln für eine Kaltwassertemperatur von 20 °C berücksichtigen Sie die unterschiedlichen Zubereitungstemperaturen und sparen bei der Zubereitung von Heißgetränken rund ein Drittel Energie und Brennstoff (☞ Die richtige Wassertemperatur). Dabei teilen Sie die insgesamt benötigte Wassermenge in einen Heißwasser- und einen Kaltwasseranteil auf.

☺ Verpacken Sie den Topf nach dem Aufkochen des Wassers stets in einem ☞ Pot Cozy, um die Wärmeverluste während der Zubereitung zu reduzieren!

▷ **Schwarzer Tee, Früchtetee, Kräutertee**: 70 % des Wassers zum Kochen bringen und anschließend den Tee hinzugeben. Schwarzen Tee drei bis fünf Minuten und Kräuter- oder Früchtetees fünf bis acht Minuten ziehen lassen. Teebeutel entfernen und den Tee mit dem restlichen Kaltwasser auf Trinktemperatur bringen.

▷ **Oolong-Tee, gelber Tee, Instant-Kaffee**: 65 % der Gesamtwassermenge erhitzen und nach dem Aufkochen 15 % kaltes Wasser nachgießen, um die Zubereitungstemperatur zu erreichen. Tee oder Kaffee hinzugeben.

Kaffee umrühren, bis sich das Pulver aufgelöst hat. Bei Tee warten, bis die Ziehzeit vorüber ist (Oolong-Tee eine Minute, gelber Tee ein bis drei Minuten), und dann den Teebeutel entnehmen. Das Getränk mit dem restlichen Kaltwasser (20 %) auf Trinktemperatur bringen.

▷ **Grüner und weißer Tee, Milch, Kakao**: Zwei Drittel der Gesamtwassermenge zum Kochen bringen und anschließend ein Drittel Kaltwasser nachgießen, um eine Temperatur von circa 70 °C zu erreichen. Den Tee hinzugeben und warten, bis die Ziehzeit vorüber ist (drei bis vier Minuten). Oder: Milch- bzw. Kakaopulver hinzugeben und gut umrühren, bis sich das Pulver komplett aufgelöst hat.

▷ **Japanischer grüner Tee**: 55 % der Gesamtwassermenge erhitzen. Nach dem Aufkochen das verbliebene Kaltwasser und anschließend den Tee hinzugeben. Nach einer Ziehzeit von zwei Minuten ist der Tee trinkfertig.

☺ Möchten Sie Ihr Getränk in kalten Jahreszeiten in einem isolierten Behälter auf Ihre Tour mitnehmen, dann verwenden Sie am besten Heißgetränke mit einer Zubereitungstemperatur von 95 °C und bereiten diese ganz normal zu.

# Cowboy-Kaffee (0,5 l)

Wenn Sie sich als Koffein-Junkie partout nicht mit Tee oder löslichem Kaffee anfreunden können, ist das Brühverfahren nach „Cowboy-Art" die leichteste Alternative. Und: Cowboy-Kaffee ist deutlich besser als sein Ruf!

## Zubereitung unterwegs

500 ml Wasser
30 g Kaffeepulver
(Vollmilchpulver, Zucker)

1. Etwa 350 ml Wasser im Topf zum Kochen bringen und anschließend im ☞ Pot Cozy warm halten.
2. Kaffeepulver (etwa 30 g) in das heiße Wasser geben und gut umrühren.
3. Ganz wichtig für den Geschmack: riechen! Warten, bis der Geruch des Kaffeesuds nach etwa drei bis sechs Minuten süßlich wird.
4. Mit rund 150 ml kaltem Wasser abschrecken.

5. Eine Minute warten, bis sich das Kaffeepulver gesetzt hat.
6. Mit dem Löffel den Schaum abheben, in dem Reste des Kaffeepulvers hängen bleiben.
7. Prüfen, ob die Trinktemperatur (etwa 60 °C) ausreichend ist. Gegebenenfalls bei kleiner Flamme vorsichtig aufwärmen. Dabei keinesfalls den Bodensatz aufrühren.

☺ **Zucker** geben Sie am besten vor dem Kochen mit in den Topf. **Milch** bzw. Milchpulver vermischen Sie hingegen mit dem kalten Abschreckwasser.

☺ Bei dieser Methode muss man sich ein wenig „reinriechen". Mit der Zeit lernen Sie aber, die leicht süßliche Karamellnote des Kaffees wahrzunehmen. **Faustregel** für verschnupfte Nasen: drei bis vier Minuten warten und dann mit kaltem Wasser abschrecken.

ℹ Mit dem kalten Wasser bringen Sie den Kaffee gleich auf Trinktemperatur und sparen zudem Brennstoff. Weitere Vorteile: Das Abschrecken sorgt dafür, dass sich das Kaffeepulver besser am Boden des Topfes absetzt. Außerdem stoppt es den Brühvorgang und verhindert damit ein weiteres Auslösen von Alkaloiden und Gerbsäuren, die den Kaffee bitter machen würden. Wissenschaftliche Details dazu verrät die Murnauer Kaffeerösterei.

💻 www.murnauer-kaffeeroesterei.com

# Kalter Kaffee (0,25 l)

Wer ganz ohne Kocher unterwegs ist, der kann seinen Kaffee auch kalt anrühren. Ein kalter Kaffee ist morgens ein willkommener Muntermacher, der dank Milch- und Kakaopulver sogar ein paar Kalorien mit sich bringt.

## Zubereitung daheim

25 g Vollmilchpulver (26 % Fettgehalt)
4 g Instant-Kaffeepulver
2 g Kakaopulver
Zucker je nach Geschmack

1. Milch-, Kaffee- und Kakaopulver mischen.
2. Kaffeemischung luftdicht verpacken oder vakuumieren.

☺ Da Milchpulver bei vielen Trekking-Gerichten als Basiszutat verwendet wird, können Sie das Milchpulver auch getrennt abpacken und unterwegs nach Augenmaß abwiegen. Auf diese Weise lässt sich spontan entscheiden, wofür das Milchpulver letztlich verwendet wird.

## Zubereitung unterwegs

Kaffeemischung
250 ml Wasser

Kalter Kaffee ist im Sommer auch tagsüber eine erfrischende Abwechslung. Die Instant-Mischung eignet sich sogar für kleinste Pausen, denn schneller lässt sich Kaffee nicht „kochen": Verrühren Sie die Kaffeemischung einfach mit 250 ml kaltem Wasser, bis sich das Pulver aufgelöst hat.

☺ Wahre Koffein-Junkies rümpfen bei Instant-Kaffees oft die Nase. Inzwischen gibt es aber durchaus Sorten, die überzeugen. Auf US-Langstreckenwanderungen sind beispielsweise Starbucks Via Instant Coffee oder die Jiva Coffee Cubes sehr beliebt, die in Würfeln für rund 200 ml Kaffee geliefert werden. Beide Produkte sind in Deutschland allerdings kaum erhältlich. Eine gut schmeckende Alternative ist der Papua-Neuguinea-Kaffee von Mount Hagen (💻 www.mounthagen.de).

ℹ Nährwerte pro 100 g: ca. 426 kcal, 23 g Eiweiß, 32 g Kohlenhydrate, 23 g Fett

# Proteinmüsli (4 Portionen)

Diese Müslimischung deckt rund ein Drittel des täglichen Proteinbedarfs und bringt Energie für die erste Tageshälfte.

## Zubereitung daheim

100 g Haferflocken
100 g Sojaflocken

50 g Amaranth, gepufft
50 g Mandeln, gehackt
25 g Cashewkerne
25 g Kürbiskerne
25 g Chiasamen
25 g Sultaninen
25 g Cranberrys, getrocknet
25 g Gojibeeren, getrocknet

1. Außer Wasser und Milchpulver alle Zutaten in einer Schüssel vermischen.
2. Zum Verpacken in einzelnen Portionen ein Viertel des Müslis in einen Druckverschlussbeutel geben und 25 g Milchpulver hinzufügen.

Sie können auch alles zusammen verpacken und erst unterwegs portionieren. Transportieren Sie das Milchpulver in diesem Fall aber getrennt und geben Sie es erst vor Ort hinzu, da es sich sonst am Tütenboden sammelt und ungleich verteilt.

## Zubereitung unterwegs

1 Portion Müsli mit Vollmilchpulver
250 ml Wasser
25 g Proteinpulver

Verrühren Sie eine Portion mit 250 ml Wasser, bis sich das Milchpulver aufgelöst hat. Wenn Sie noch mehr Proteine benötigen, dann geben Sie bei der Zubereitung 25 g Proteinpulver pro Portion hinzu. Solche Pulver sind mit Vanille-, Zimt- und Schokogeschmack erhältlich.

☺ Wer morgens möglichst schnell starten möchte, kann sein Müsli auch als **„Overnight Oats“** zubereiten. Dabei rühren Sie die Müslimischung bereits am Vorabend an und bewahren sie dann über Nacht in einem verschlossenen Behälter auf. Das Müsli verliert dabei etwas an Biss, doch Trockenfrüchte rehydrieren auf diese Weise wesentlich besser.

ℹ Nährwerte pro 100 g: ca. 441 kcal, 23 g Eiweiß, 36 g Kohlenhydrate, 21 g Fett

# Porridge-Grundrezept (1 Portion)

Haferflocken sind in einem Porridge ebenso lecker wie im Müsli. Und: Der warme Haferbrei kann vor allem bei kälteren Witterungsbedingungen den Start in den Tag deutlich angenehmer gestalten.

## Zubereitung daheim

50 g Haferflocken, zart
25 g Vollmilchpulver (26 % Fettgehalt) (für 250 ml Milch)
40 g Mandeln, gehackt
1 Prise Salz
1 Prise Zimt

1. Mischen Sie alle festen Zutaten.
2. Verpacken Sie die Porridge-Mischung portionsweise und möglichst luftdicht.

**i** Während Müslimischungen auf kernigen Haferflocken basieren, kommen im Porridge meist zarte Haferflocken zum Einsatz, die für eine breiartige Konsistenz sorgen.

## Zubereitung unterwegs

1 Portion Porridge-Mischung
250 ml Wasser

Normalerweise bereiten Sie die Porridge-Mischung mit heißem Wasser zu. Sollte der Brennstoffvorrat einmal knapp werden, dann lässt sich ein Porridge aber auch kalt als Müsli zubereiten.

1. 200 ml Wasser erhitzen und anschließend 50 ml kaltes Wasser hinzugeben.
2. Die Porridge-Mischung in das warme Wasser einrühren.
3. Den Topf in einen ☞ Pot Cozy stellen und die Mahlzeit vier bis fünf Minuten ziehen lassen.

☺ Auf längeren Touren ist es sinnvoll, geschmacklich für ein wenig Abwechslung zu sorgen. Experimentieren Sie mit allen Zutaten, die auch bei Müslimischungen Verwendung finden, und probieren Sie ruhig auch einmal herzhafte Varianten mit getrocknetem Gemüse und Gewürzen.

ℹ Nährwerte pro 100 g: ca. 481 kcal, 20 g Eiweiß, 35 g Kohlenhydrate, 27 g Fett

# Nudeln mit Pesto rosso (4 Portionen)

Trockenpesto ist schnell gemacht und unterwegs müssen Sie die pikante Gewürzmischung nur noch mit ein wenig Wasser und Öl anrühren.

## Zubereitung daheim

30 g getrocknete Tomaten (nicht die in Öl eingelegten!)
30 g geschälte Mandeln, gehackt
10 g Hartkäse, gerieben und getrocknet
4 g Paprikapulver, edelsüß
2 g Knoblauchgranulat
2 g Zwiebelgranulat
2 g Thymian, getrocknet
2 g Basilikum, getrocknet
2 g Oregano, getrocknet
2 g schwarzer Pfeffer, gemahlen
1 Prise Salz

1. Die Hälfte der gehackten Mandeln mahlen oder so fein wie möglich hacken. Die Mandeln sollten danach die Konsistenz von Mandelgrieß haben.
2. Pfeffer und Salz, Paprikapulver, Knoblauch- und Zwiebelgranulat sowie die Hälfte der Kräuter zufügen und weiter mahlen.
3. Die getrockneten Tomaten so fein wie möglich hacken.
4. Die Mandelgewürzmischung mit den restlichen Kräutern und Mandeln vermischen und die Tomaten hinzugeben.
5. Trockenpestomischung auf vier Portionen aufteilen und luftdicht verpacken oder vakuumieren.

Die Nudeln werden getrennt verpackt. Besonders gut geeignet sind schnell kochende Wok-, Mie- oder Suppennudeln sowie die Mini-Varianten von Pasta-Klassikern wie Farfalle oder Penne rigate mit einer Kochzeit von maximal sechs Minuten. Vollkornpasta oder andere Nudeln mit längeren Garzeiten sollten Sie daheim knapp „al dente“ kochen und dann dörren.

## Zubereitung unterwegs

1 Portion Trockenpestomischung
150 g Nudeln, schnell kochend (vier bis sechs Minuten)
10 ml Olivenöl
25 ml Wasser für das Pesto
Wasser für die Nudeln

Nudeln mit kaltem Wasser aufkochen und anschließend nur ziehen lassen? Ja, das funktioniert und spart jede Menge Brennstoff!

1. Eine Portion Trockenpesto mit 10 ml Olivenöl und 25 ml Wasser gut vermischen und die Masse mindestens zehn Minuten ruhen lassen, damit sie ausreichend rehydriert.
2. 150 g Nudeln in den Topf geben und kaltes Wasser auffüllen, bis die Nudeln komplett bedeckt sind.
3. Topf erhitzen und dabei regelmäßig die Nudeln gut umrühren.
4. Etwas Salz hinzugeben, sobald das Wasser kocht, und die Nudeln eine weitere Minute köcheln lassen.
5. Den Topf vom Kocher nehmen, im ☞ Pot Cozy verpacken und den Rest der angegebenen Nudelkochzeit abwarten.
6. Das Kochwasser abgießen, sobald die Nudeln „al dente“ sind, und die Pasta mit dem vorbereiteten Pesto beträufeln.

Bei dieser Zubereitungsart wird die Pasta außen etwas schneller weich als innen, doch geschmacklich ist das unterwegs absolut akzeptabel.

ℹ Nährwerte pro 100 g: ca. 386 kcal, 12 g Eiweiß, 62 g Kohlenhydrate, 9 g Fett

# Nudeln mit Pesto genovese (2 Portionen)

Auch ein Pesto genovese lässt sich als Trockenpesto vorbereiten. Wichtig ist dabei, dass Sie **gefriergetrocknete Kräuter** verwenden, da diese wesentlich geschmacksintensiver sind. Hier ein Rezept für zwei üppige Portionen Pasta:

## Zubereitung daheim

3 g Basilikum, gefriergetrocknet
3 g Petersilie, gefriergetrocknet
10 g Pinienkerne, gemahlen
10 g Hartkäse, gerieben und getrocknet
2 g Knoblauchgranulat
2 Prisen Salz

1. Basilikum, Petersilie und Knoblauchgranulat mit den gemahlenen Pinienkernen und dem Hartkäse vermischen und das Salz hinzugeben.
2. Trockenpesto luftdicht verpacken oder vakuumieren.

☺ Grünes Trockenpesto auf Basis von Basilikum oder Bärlauch ist auch im gut sortierten Kräuterhandel erhältlich. Achten Sie auch hier auf gefriergetrocknete Kräuter.

## Zubereitung unterwegs

1 Portion Trockenpestomischung
150 g Nudeln, schnell kochend (vier bis sechs Minuten)
10 ml Olivenöl
25 ml Wasser für das Pesto und Wasser für die Nudeln

1. Das Trockenpesto mit Olivenöl und Wasser anrühren und die Masse gut vermischen.
2. Das Pesto mindestens zehn Minuten ruhen lassen, damit es ausreichend rehydriert.
3. Die Nudeln in den Topf geben und kaltes Wasser auffüllen, bis die Nudeln komplett bedeckt sind.
4. Den Topf erhitzen und dabei die Nudeln regelmäßig gut umrühren.

5. Etwas Salz hinzugeben, sobald das Wasser kocht, und die Nudeln eine weitere Minute köcheln lassen.
6. Den Topf vom Kocher nehmen, im ☞ Pot Cozy verpacken und den Rest der angegebenen Nudelkochzeit abwarten.
7. Das Kochwasser abgießen, sobald die Nudeln „al dente" sind.
8. Das vorbereitete Pesto genovese hinzugeben und alles gut vermischen.

☺ Geschmacklich besser ist das Pesto mit frischem statt getrocknetem Hartkäse. Diesen geben Sie aber nicht daheim zum Trockenpesto hinzu, sondern erst bei der Zubereitung unterwegs.

ℹ Nährwerte pro 100 g: ca. 393 kcal, 12 g Eiweiß, 64 g Kohlenhydrate, 9 g Fett

# Instant-Hummus (3 Portionen)

Mit Hummus wird es unterwegs ein wenig orientalisch. Die Kichererbsencreme passt ideal zu Tortilla-Wraps, Crackern, Brot oder Bannock (auch als Wildnispizza, schottischer Frühstückskuchen, Indianerbrot oder Fladenbrot bekannt).

## Zubereitung daheim

1 Dose Kichererbsen (400 g)
35 g Tahin (Sesammus)
4 g Knoblauch, getrocknet
1,25 g Kreuzkümmel (Cumin), gemahlen
1,25 g bis 2,5 g Cayennepulver
4 g Currypulver
45 ml Zitronensaft
45 ml Wasser
Salz

1. Die Kichererbsen abtropfen lassen und mit dem Sesammus (etwa 2 Esslöffel), den Gewürzen und je 45 ml Zitronensaft und Wasser in eine Schüssel geben.

2. Die Mischung zu einer glatten Paste pürieren und mit Salz abschmecken. Gegebenenfalls noch ein wenig Wasser nachgießen.
3. Die Etagen des Dörrgeräts oder ein Backblech mit Backpapier auslegen und die Masse darauf verteilen.
4. Die Masse mit einem Teigspachtel glatt ziehen, bis sie maximal 3 mm hoch ist.
5. Das Dörrgerät auf eine Temperatur zwischen 55 und 60 °C einstellen und den Trocknungsprozess beginnen. Trocknung im Backofen bei gleicher Temperatur und leicht geöffneter Backofentür (Tür mit einem Kochlöffel einen Spalt offen halten). Die Trocknungszeit beträgt rund zwei bis vier Stunden.
6. Die krümelige Masse in einer Gewürz- oder Kaffeemühle pulverisieren.
7. Die rund 120 g Instant-Hummus in drei Portionen aufteilen und luftdicht verpacken oder vakuumieren.

## Zubereitung unterwegs

1 Portion Instant-Hummus

10 ml Olivenöl

20 ml Wasser

*Dünn ausgestrichen trocknet die Masse auch im Backofen recht schnell*

Das Grundrezept des Instant-Hummus lässt sich unterwegs oder auch schon zu Hause mit kleingehackten getrockneten Tomaten und gefriergetrockneter Petersilie noch verfeinern. Die Zubereitung unterwegs ist denkbar einfach:

1. Eine Portion Instant-Hummus (40 g) mit 20 ml Wasser (etwa 2 Esslöffel) und 10 ml Olivenöl vermischen.
2. Die Zutaten verrühren, bis eine homogene Masse entsteht.

☺ Mit „Fix für Hummus" von Wendland (💻 www.wendland.eu) ist Instant-Hummus inzwischen auch als Fertigprodukt erhältlich.

ℹ Nährwerte pro 100 g: ca. 543 kcal, 18 g Eiweiß, 33 g Kohlenhydrate, 35 g Fett

# Instant Refried Beans (ca. 3-4 Portionen)

Was für Europäer der Kartoffelbrei ist, das ist in der mexikanischen Küche das Bohnenmus. Der nicht gerade appetitlich aussehende, aber wohlschmeckende braune Bohnenbrei ist auf Langstreckenwanderungen in Amerika inzwischen ein fester Bestandteil der ultraleichten Outdoor-Küche. Refried Beans sind dort auch als Fertigprodukt erhältlich, in Europa müssen Sie die Instant-Variante hingegen selbst herstellen.

## Zubereitung daheim

350 g Wachtelbohnen
6 g Zwiebeln, gefriergetrocknet
15 g Kreuzkümmel, gemahlen
15 g Chilipulver
8 g Knoblauchpulver
Salz

1. Die Wachtelbohnen in der Kaffeemühle zu Mehl vermahlen.
2. Das Bohnenmehl mit dem Knoblauch, den Zwiebeln und den Gewürzen vermischen.
3. Die Mischung mit 1,5 l Wasser verrühren und langsam erhitzen.

4. Die Masse unter ständigem Rühren 20 bis 30 Minuten bei mittlerer bis niedriger Temperatur köcheln lassen. ☝ Sie brennt sehr schnell an – gegebenenfalls den Topf kurz von der Kochplatte nehmen.
5. Mit Salz abschmecken und gegebenenfalls nachwürzen.
6. Die Etagen des Dörrgeräts oder die Roste des Backofens mit Backpapier auslegen und die Masse darauf gleichmäßig und möglichst dünn ausstreichen.
7. Das Dörrgerät oder den Backofen auf eine Temperatur zwischen 55 und 60 °C einstellen und den Trocknungsprozess beginnen. Die Dörrzeit beträgt rund zwölf Stunden. Währenddessen regelmäßig die unterste Dörretage ganz nach oben versetzen, um eine möglichst gleichmäßige Trocknung zu erreichen. Bei einer Trocknung im Ofen die Backofentür mit einem Kochlöffel einen Spalt geöffnet halten.
8. Nach dem Trocknungsprozess die Masse in kleinere Stücke zerbrechen und in der Kaffeemühle zu Mehl zermahlen.
9. Die rund 340 g Instant-Pulver portionsweise aufteilen und luftdicht verpacken oder vakuumieren.

☺ In gut sortierten Lebensmittelmärkten finden Sie auch Konserven mit Refried Beans. Den Inhalt dieser Dosen können Sie direkt dörren und unterwegs nachwürzen.

## Zubereitung unterwegs

1 Portion Instant-Pulver
15 ml Olivenöl
200-250 ml Wasser

Das Instant-Pulver für Ihre Refried Beans ist deutlich stärker gewürzt als üblich. Dadurch ersparen Sie sich unterwegs das Nachwürzen und können die Mischung wahlweise als Mus oder als Bohnensuppe anrühren.

1. 100 g Instant Refried Beans mit 200 bis 250 ml heißem Wasser und 15 ml Olivenöl mischen, um ein Bohnenmus zu erhalten. Für eine suppenähnliche Konsistenz erhöhen Sie den Wasseranteil auf 300 bis 400 ml.
2. Die Masse gut durchrühren und ein paar Minuten quellen lassen.

3. Optional Tortilla-Chips, Hartsalami, Käse und getrocknetes Koriandergrün sowie weitere Gewürze oder Kräuter hinzugeben und die Masse noch einmal gut durchrühren.

☺ Instant Refried Beans haben ein überaus kompaktes Packmaß und schmecken auch kalt angerührt ganz gut. Einfach mal ausprobieren!

ℹ Nährwerte pro 100 g: ca. 460 kcal, 21 g Eiweiß, 64 g Kohlenhydrate, 14 g Fett

# Couscous-Salat (2 Portionen)

Auf der Suche nach einem einfachen und schnellen Rezept für die kalte Küche ist dieser Salat entstanden.

## Zubereitung daheim

220 g Couscous
24 g Salat-Fix (3 Packungen für 2 bis 4 Portionen)
15 g Suppengrün, gefriergetrocknet
4 g Schnittlauch, gefriergetrocknet

1. Couscous, Suppengrün und Schnittlauch mischen.
2. Salatmischung auf zwei Portionen aufteilen.
3. Je 1,5 Packungen Salat-Fix hinzugeben.
4. Portionsweise und möglichst luftdicht verpacken.

☺ Salat-Fix-Dressings in Pulverform gibt es im Lebensmittelhandel in verschiedensten Geschmacksvarianten. Probieren Sie einfach mehrere aus.

*Fix gemacht: Der Couscous und die getrockneten Zutaten müssen nur in kaltem Wasser quellen*

## Zubereitung unterwegs

1 Portion Couscous-Salat
22 ml Olivenöl
250 ml Wasser

Diesmal benötigen Sie keinen Kocher, sondern ein auslaufsicher verschließbares Gefäß, denn die Zubereitung der Salatmischung erfolgt per „Cold Soaking" durch Einweichen in kaltem Wasser. Geeignet sind dazu beispielsweise Lebensmitteldosen aus PP oder PET sowie verschraubbare Salbendosen aus der Apotheke.

1. Eine Portion der Salatmischung und 250 ml kaltes Wasser in das Gefäß geben.
2. Die Mischung gut durchrühren.
3. Gefäß verschließen und mindestens 30 Minuten quellen lassen.
4. Während der Quellzeit gelegentlich umrühren, damit die gesamte Mischung ausreichend mit Wasser versorgt wird.
5. Zum Abschluss das Öl hinzugeben und noch einmal gut durchrühren.

Nährwerte pro 100 g: ca. 427 kcal, 10 g Eiweiß, 55 g Kohlenhydrate, 18 g Fett

# Cappuccinogrießbrei mit Sauerkirschen (1 Portion)

Grießbrei aus der Tüte bereiten Sie einfach mit ein wenig Milch zu. Wer es weniger süß mag, der mischt selbst: Der Cappuccinogrießbrei enthält wesentlich weniger Zucker als Fertiggerichte und hat trotzdem ordentlich Kalorien.

## Zubereitung daheim

60 g Weichweizengries
30 g Vollmilchpulver (26 % Fettgehalt) (für 300 ml Milch)
15 g Cappuccinopulver
20 g Mandeln, gehackt
10 g Kakao-Nibs

15 g Sauerkirschen, getrocknet
1 Prise Zimt, gemahlen

1. Alle Grießbreizutaten mischen.
2. Zutatenmischung luftdicht verpacken oder vakuumieren.

☺ Milchreis ist ebenfalls als Fertiggericht im Supermarkt erhältlich. Wer auch hier selbst mischen will, der verwendet für eigene Milchreiskreationen besser Reisflocken statt Reis, da diese eine deutlich geringere Garzeit haben.

## Zubereitung unterwegs

1 Portion Grießbreimischung
300 ml Wasser

Je nach Jahreszeit und Gebiet können Sie den Grießbrei mit weiteren frischen Zutaten aufwerten, die Sie am Wegesrand finden. Dazu eignen sich beispielsweise Walderdbeeren, Himbeeren, Brombeeren, Heidelbeeren, Moltebeeren sowie Pflaumen und Zwetschgen.

1. 250 ml Wasser zum Kochen bringen und 50 ml kaltes Wasser hinzugeben.
2. Die Zutatenmischung unter Rühren langsam in das heiße Wasser einstreuen.
3. Weiterrühren, bis sich alle Klümpchen aufgelöst haben. Restklumpen gegebenenfalls mit dem Löffel an der Topfwand zerdrücken.
4. Den Topf in einen ☞ Pot Cozy stellen und den Grießbrei fünf Minuten quellen lassen.
5. Abschließend noch einmal gut durchrühren.

☺ Wenn Sie die Sauerkirschen getrennt verpacken und das Obst schon beim Erhitzen zum Wasser geben, rehydriert es noch besser.

ℹ Nährwerte pro 100 g: ca. 430 kcal, 14 g Eiweiß, 53 g Kohlenhydrate, 17 g Fett

# Würzige Linsensuppe (1 Portion)

Hülsenfrüchte haben allgemein eine zu lange Garzeit für die ultraleichte Outdoor-Küche. Lediglich die kleinen roten Linsen lassen sich unterwegs auch ohne langes Kochen zubereiten.

## Zubereitung daheim

75 g rote Linsen
25 g Röstzwiebeln
6 g Suppengemüse, gefriergetrocknet
2 g Schnittlauch, gefriergetrocknet
6 g Klare-Brühe-Gewürzpulver
4 g Paprika(-pulver), rosenscharf
4 g Kurkuma
0,5 g schwarzer Pfeffer, gemahlen

1. Linsen und Röstzwiebeln mit dem gefriergetrockneten Suppengemüse und dem Schnittlauch vermischen.
2. Das Klare-Brühe-Gewürzpulver, Paprikapulver und Kurkuma sowie ein bis zwei Prisen schwarzen Pfeffer vermischen und hinzugeben.
3. Die Zutatenmischung möglichst luftdicht verpacken oder vakuumieren.

☺ Andere Linsenarten können Sie zu Hause vorkochen und anschließend im Dörrautomaten oder Backofen trocknen, damit sie unterwegs schneller gar sind. Wer sich diese Arbeit sparen will, greift zu vorgekochten Kurzkoch-Linsen (etwa Wurzener KUKO-Linsen, 💻 www.wurzener.de).

## Zubereitung unterwegs

1 Portion Linsensuppenmischung
450 ml Wasser
22,5 ml Rapsöl

Auch rote Linsen müssen normalerweise etwa zehn Minuten kochen. Unterwegs lässt sich allerdings jede Menge Brennstoff sparen, wenn Sie die Linsen und alle anderen Suppenzutaten zuvor einweichen.

1. Die Zutatenmischung und 300 ml Wasser in einen dicht schließenden Transportbehälter geben und alles gut durchrühren.
2. Den Transportbehälter verschließen und die Zutaten mindestens 90 Minuten einweichen lassen.
3. Die eingeweichten Zutaten mit dem Rapsöl und 150 ml Wasser erhitzen.
4. Die Suppe kurz aufkochen lassen.
5. Den Topf in einen ☞ Pot Cozy stellen und die Suppe mindestens zehn Minuten ziehen lassen.
6. Sollten die Linsen nach 15 Minuten im Pot Cozy immer noch zu hart sein, die Suppe noch einmal kurz aufkochen, bis die gewünschte Konsistenz erreicht ist.

☺ Verfeinern Sie die Suppe mit luftgetrockneten Mini-Salamis oder Schinkenwürfeln.

ℹ Nährwerte pro 100 g: ca. 434 kcal, 19 g Eiweiß, 43 g Kohlenhydrate, 20 g Fett

# Kartoffelbrei mit Gemüse (1 Portion)

Die Grundlage dieses Rezepts ist ein Instant-Kartoffelbrei (etwa „Pfanni Kartoffel Püree – Das Komplette"). Er enthält neben Kartoffeln auch Milchpulver und lässt sich deshalb einfach mit Wasser zubereiten.

## Zubereitung daheim

1 Portionsbeutel Instant-Kartoffelbrei (ca. 94 g)
20 g Hanfsamen
20 g Röstzwiebeln
10 g Suppengemüse, gefriergetrocknet
4 g Paprikapulver, rosenscharf

1. Alle festen Zutaten in einen verschließbaren Behälter geben und durch Schütteln vermischen.
2. Die Zutatenmischung nach Möglichkeit luftdicht verpacken oder vakuumieren.

☺ Wenn Sie statt Instant-Kartoffelbrei normalen Fertigkartoffelbrei verwenden möchten, dann geben Sie einfach die entsprechende Menge Milchpulver für die benötigte Milch hinzu.

## Zubereitung unterwegs

1 Portion Kartoffelbreimischung
550 ml Wasser
10 ml Rapsöl

Verwenden Sie niemals kochend heißes Wasser für die Zubereitung von Instant-Kartoffelbrei! Sparen Sie Brennstoff und mischen Sie kochendes und kaltes Wasser in einem Verhältnis von etwa vier zu eins.

1. 450 ml Wasser zum Kochen bringen und dann 100 ml kaltes Wasser hinzugeben.
2. Rapsöl und warmes Wasser über die vorbereitete Zutatenmischung geben.
3. Zwei bis drei Minuten umrühren, bis die Masse die gewohnte Konsistenz eines Kartoffelbreis hat.

☺ Die im Biomarkt erhältlichen Hanfsamen enthalten viel Protein, alle essenziellen Aminosäuren, Omega-3- und Omega-6-Fettsäuren sowie Vitamin E, Spurenelemente und Eisen. Sind die nussigen Samen nicht erhältlich, dann lassen sie sich geschmacklich am besten durch gehackte Sonnenblumen- oder Cashewkerne ersetzen.

**i** Nährwerte pro 100 g: ca. 418 kcal, 13 g Eiweiß, 46 g Kohlenhydrate, 19 g Fett

# Kalter Kartoffelbrei (1 Portion)

Instant-Kartoffelbrei (etwa „Pfanni Kartoffel Püree – Das Komplette") hat ein kompaktes Packmaß, ist überaus schnell zubereitet und in der kalten Küche die einfachste Lösung.

## Zubereitung daheim

1 Portionsbeutel Instant-Kartoffelbrei (ca. 94 g)
15 g Röstzwiebeln
15 g Mandeln, gehackt
10 g Hanfsamen
10 g Suppengemüse, gefriergetrocknet
4 g Currypulver

1. Das Suppengemüse mit einem Zerkleinerer (zur Not auch mit einer Kaffeemühle) in kleine Stücke zerhacken.
2. Alle Zutaten in einen verschließbaren Behälter geben und durch Schütteln vermischen.
3. Die Zutatenmischung nach Möglichkeit luftdicht verpacken oder vakuumieren.

Zerhacken Sie getrocknete Zutaten wie das hier verwendete Suppengemüse für die kalte Zubereitung in möglichst kleine Stücke, damit sie in wenigen Minuten rehydrieren. Die Röstzwiebeln und Mandeln sorgen nicht nur für eine Extraportion Kalorien, sondern auch für einen gewissen Crunch-Effekt, damit es unterwegs auch etwas zu kauen gibt.

## Zubereitung unterwegs

1 Portion Kartoffelbreimischung
550 ml Wasser

Schneller und leichter geht es kaum: Der Kocher bleibt daheim und in gerade einmal drei Minuten ist der kalte Kartoffelbrei fertig.

1. 550 ml kaltes Wasser zu der Zutatenmischung hinzugeben.
2. Zwei bis drei Minuten umrühren, bis die Masse die gewohnte Konsistenz eines Kartoffelbreis hat.

☺ Das Rezept lässt sich vielseitig abwandeln. Experimentieren Sie beispielsweise mit Fertigsoßen oder anderen Gemüsesorten und Gewürzen.

ℹ Nährwerte pro 100 g: ca. 394 kcal, 12 g Eiweiß, 48 g Kohlenhydrate, 14 g Fett

# Getrocknetes Hackfleisch

Getrocknetes Hackfleisch ist relativ schnell hergestellt, lange haltbar und bestens geeignet zum Verfeinern von Reis- und Nudelgerichten. Verwenden Sie getrocknetes Hackfleisch beispielsweise für ein leckeres ☞ Chili con Carne.

## Zubereitung daheim

1 kg mageres Hackfleisch vom Rind
Piment
Wacholderbeeren
Lorbeerblätter
Salz
Pfeffer

1. In einem großen Topf Wasser zum Kochen bringen und das möglichst frisch durch den Fleischwolf gedrehte Hackfleisch hinzugeben.
2. Je nach Geschmack Piment, Wacholderbeeren und Lorbeerblätter hinzugeben und das Fleisch rund zehn Minuten köcheln lassen.
3. Topf vom Herd nehmen und das Fett auf der Wasseroberfläche möglichst vollständig mit einem Soßenlöffel abschöpfen.
4. Hackfleisch in einem Sieb abtropfen lassen und etwaige Klumpen in Fäden auflösen.
5. Das Fleisch in eine Pfanne geben und ohne Zugabe von Fett oder Öl kurz anbraten. Dabei je nach Geschmack mit Salz und Pfeffer würzen.
6. Die Etagen des Dörrgeräts oder die Roste des Backofens mit Backpapier auslegen und das Hackfleisch darauf verteilen.
7. Dörrgerät auf eine Temperatur zwischen 55 und 60 °C einstellen und den Trocknungsprozess beginnen. In regelmäßigen Abständen die unterste Dörretage ganz nach oben packen, um eine möglichst gleichmäßige Trocknung zu erreichen. Soll das Fleisch im Backofen trocknen, dann die gleiche Temperatur wählen und die Backofentür mit einem Kochlöffel einen Spalt geöffnet halten.

8. Die Dörrzeit beträgt zwischen drei und sechs Stunden. Das Hackfleisch sollte zum Schluss fest und krümelig sein.
9. Getrocknetes Hackfleisch lässt sich im Tiefkühlschrank mehrere Monate aufbewahren und auch unterwegs sollte es ein paar Wochen halten. (Das verbliebene Fett kann allerdings ranzig werden.)

*Hackfleisch dörren: Das Fleisch wird zunächst abgekocht, um weiteres Fett zu entfernen*

## Zubereitung unterwegs

Geben Sie das getrocknete Hackfleisch zu passenden Mahlzeiten. Durch die Trocknung reduziert sich das Gewicht auf rund 25 %. Zum Rehydrieren sollten Sie deshalb auf einen Teil getrocknetes Hackfleisch gut drei Teile Wasser geben und die Masse mindestens zehn Minuten, besser aber mehr als eine Stunde einweichen lassen.

Tatar oder Beefsteakhack besteht aus magerem Muskelfleisch vom Rind und ist mit seinem sehr geringen Fettanteil von rund 6 % am besten für die Herstellung von getrocknetem Hackfleisch geeignet.

Die Nährwerte sind abhängig von der Fleischqualität und -verarbeitung. Die folgenden Angaben pro 100 g beziehen sich auf vergleichbare industriell getrocknete Fertigprodukte und sollen nur als Anhaltspunkt dienen: ca. 486 kcal, 11 g Eiweiß, 49 g Kohlenhydrate, 24 g Fett.

# Chili con Carne (10 Portionen) ()

Bei diesem Rezept kochen Sie zu Hause mit frischen Zutaten und trocknen das fertige Gericht im Dörrgerät oder Backofen. Wichtig ist dabei, dass Sie ohne die Zugabe von Fetten oder Ölen arbeiten, da diese während der Lagerung der getrockneten Mahlzeit ranzig werden könnten. Im Gegensatz zum Mischen getrockneter Zutaten, bleibt durch diese Art der Zubereitung der Geschmack der Trekking-Mahlzeiten am besten erhalten.

Fertige Chili-con-Carne-Trekking-Mahlzeiten enthalten meist nur 4 % Hackfleisch. Diese selbst gedörrte Variante bringt es auf gut 15 %.

## Zubereitung daheim

2 Zwiebeln, gehackt
3 Knoblauchzehen, zerdrückt
1 große Dose geschälte Tomaten (à 800 g)
2 kleine Dosen Tomatenmark (à 70 g)
250 ml dunkles Bier
200 ml starker Kaffee/Espresso
200 ml Gemüsebrühe
3 Chilischoten, entkernt und fein gehackt
7,5 g Chilipulver
20 g brauner Zucker
6 g Kakaopulver, ungesüßt
6 g Kreuzkümmel
0,5 g Oregano (½ TL)
1 g Koriander, gemahlen (½ TL)
Salz und schwarzer Pfeffer
3 Dosen Kidneybohnen (à 400 g)
420 g Sojagranulat (ersatzweise Sojaflocken)
210 g getrocknetes Hackfleisch

1. Die gehackten Zwiebeln und die zerdrückten Knoblauchzehen ohne Fett oder Öl in einer antihaftbeschichteten Pfanne anbräunen.
2. Außer den Kidneybohnen, dem Sojagranulat und dem Hackfleisch alle übrigen Zutaten hinzugeben.
3. Das Chili bei kleiner Hitze und unter regelmäßigem Umrühren etwa eine Stunde garen.
4. Die abgetropften Kidneybohnen hinzugeben und das Chili eine weitere Stunde köcheln lassen. Nun häufiger umrühren und gegebenenfalls noch ein wenig Brühe oder Bier hinzugeben.
5. Mit Salz und Pfeffer abschmecken. Die Masse dabei – je nach Geschmack – durchaus schärfer würzen, denn später kommen noch Hackfleisch und/oder Sojagranulat hinzu.
6. Das Chili nach Abschluss der Kochzeit eindicken.
7. Die Etagen des Dörrgeräts oder die Roste des Backofens mit Backpapier auslegen und das Chili con Carne möglichst gleichmäßig dünn darauf verteilen.
8. Das Dörrgerät oder den Backofen auf eine Temperatur zwischen 55 und 60 °C einstellen und den Trocknungsprozess beginnen. Die unterste Dörretage in regelmäßigen Abständen ganz nach oben packen, um eine möglichst gleichmäßige Trocknung zu erreichen. Bei einer Trocknung im Backofen die Backofentür mit einem Kochlöffel einen Spalt geöffnet halten.
9. Die Dörrzeit beträgt rund zwölf Stunden. Die Masse darf nicht mehr weich sein. Gegebenenfalls einzelne Stücke ein wenig nachdörren.
10. Nach dem Abkühlen das getrocknete Chili in möglichst kleine Stücke brechen.
11 Das Chili mit getrocknetem Hackfleisch und Sojagranulat mischen. Bewährt hat sich eine Mischung aus drei Teilen gedörrtem Chili con Carne, einem Teil getrocknetem Hackfleisch und zwei Teilen Sojagranulat. Für die vegetarische Version verzichten Sie auf das Hackfleisch und verwenden entsprechend mehr Soja.

☺ Sojagranulat ist feiner und weicht schneller ein, während Sojaflocken etwas mehr Biss ins Essen bringen.

## Zubereitung unterwegs

1 Portion Chili-con-Carne-Mischung
15 ml Olivenöl
300 ml Wasser

1. Eine Portion der Mischung aus Chili con Carne, Hackfleich und Sojagranulat in 300 ml kochendes Wasser geben.
2. 15 ml Öl als Geschmacksverstärker und Kalorienbombe hinzufügen.
3. Die Masse eine Minute köcheln lassen.
4. Den Topf in einen ☞ Pot Cozy stellen und das Chili mindestens zehn Minuten ruhen lassen, bis die Bohnen weich sind.

☺ Wenn Sie die Chilimischung bereits eine Stunde vor dem Essen in kaltes Wasser geben, rehydrieren die Bohnen und das Hackfleisch deutlich schneller.

ℹ Nährwerte pro 100 g: ca. 429 kcal, 22 g Eiweiß, 31 g Kohlenhydrate, 20 g Fett

# Beef Jerky

Beef Jerky ist ein Trockenfleisch, das in homöopathischen Dosen (25-g-Packungen) und zu horrenden Preisen (ab € 2) verkauft wird. Im Vergleich zu Frischfleisch reduziert sich das Gewicht des leckeren Proteinsnacks auf rund ein Drittel.

☺ Selbst machen bei Fleischpreisen unter € 1,50 für 100 g. Der Aufwand lohnt sich!

## Zubereitung daheim

1 kg mageres Muskelfleisch vom Rind (Lendensteak, Rumpsteak oder Rouladen)
2 EL schwarzer Pfeffer, grob zerstoßen (zum Bestreuen vor dem Trocknen)

Für die Marinade:
400 ml dunkles Bier
250 ml dunkle japanische Sojasauce

150 ml Worcestershiresauce
2 EL schwarzer Pfeffer, grob gemahlen
2 EL Knoblauchgranulat
2 EL Zwiebelgranulat
3 TL brauner Rohrzucker oder Honig

1. Häute, Sehnen sowie Fett entfernen und das Rindfleisch anschließend für zwei bis vier Stunden in die Tiefkühltruhe legen, damit es sich besser schneiden lässt.
2. Die flüssigen Bestandteile der Marinade mischen und anschließend die restlichen Zutaten hinzugeben.
3. Das Fleisch mit einer Aufschnittmaschine gegen die Faser in maximal 4-6 mm dünne Scheiben schneiden (oder gleich entsprechend dünn geschnittene Rinderrouladen kaufen, was auch Arbeitsschritt 1 überflüssig macht). Anschließend die Scheiben in etwa 3 cm breite Streifen schneiden.
4. Die Fleischstreifen auf mehrere Druckverschlussbeutel (Ziploc) verteilen und so viel Marinade hinzugeben, dass das Fleisch knapp bedeckt ist.
5. Die Beutel schließen und dabei einen kleinen Spalt offen lassen. Die Luft aus dem Beutel pressen und ihn dann komplett verschließen. Die Beutel anschließend für mindestens vier, besser aber acht bis zehn Stunden im Kühlschrank lagern. Beutel hin und wieder durchkneten, um die Marinade möglichst gleichmäßig zu verteilen.
6. Beutel öffnen und die überschüssige Marinade abgießen. Eine doppelte Schicht Küchenpapier auslegen und das Fleisch darauf verteilen. Die Fleischstreifen mit Küchenpapier abtupfen, bis sie annähernd trocken erscheinen.
7. Das Fleisch mit grob zerstoßenem Pfeffer bestreuen und so auf die verschiedenen Etagen des Dörrgeräts verteilen, dass sich die einzelnen Stücke nicht berühren. Alternativ die Fleischstreifen auf den Rosten des Backofens auslegen.
8. Das Dörrgerät oder den Backofen auf eine Temperatur zwischen 55 und 60 °C einstellen und den Trocknungsprozess beginnen. In regelmäßigen Abständen die unterste Dörretage ganz nach oben versetzen, um eine möglichst gleichmäßige Trocknung zu erreichen. Beim Dörren im Backofen die Backofentür mit einem Kochlöffel einen Spalt geöffnet halten.

9. Die Dörrzeit beträgt zwischen vier und acht Stunden. Das Jerky ist fertig, sobald es keine weichen Stellen mehr hat. Beim Biegen darf es aber nicht brechen, denn dann ist es zu trocken.
10. Sobald der Trocknungsprozess beendet ist, den Backofen auf 150 °C vorheizen. Das Beef Jerky so auf den Rosten des Backofens verteilen, dass sich die einzelnen Fleischstücke nicht berühren, und dann für gut zehn Minuten in den Ofen geben, um eine Kontaminierung durch Kolibakterien oder Salmonellen auszuschließen.
11. Anschließend noch einmal mit Küchenpapier abtupfen und nach dem Auskühlen luftdicht verpacken oder vakuumieren, dann kühl und dunkel lagern. ☝ Selbst hergestelltes Jerky ist längst nicht so lange haltbar wie industriell hergestelltes! Grobe Faustregel: maximal ein bis drei Monate lagern.

☺ Jerky gibt es in verschiedenen Geschmacksrichtungen und auch aus anderen Fleischsorten. Experimentieren Sie ein wenig, bis Sie Ihre Lieblingssorte gefunden haben. Für den Einstieg basiert dieses Rezept extra auf einer recht einfachen Marinade. Im Internet finden Sie aber unzählige Rezepte mit den unterschiedlichsten Marinaden (💻 www.jerkyholic.com). Schweinefleisch sollten Sie aufgrund der Trichinosegefahr allerdings meiden.

☝ **Machen Sie sich vor der Zubereitung von Beef Jerky unbedingt mit den Empfehlungen zur Verarbeitung von rohem Fleisch in privaten Haushalten vertraut!** Viele Beef-Jerky-Rezepte behandeln das rohe Fleisch beispielsweise nicht entsprechend den Sicherheitsempfehlungen des U.S. Department of Agriculture. Um eine Kontaminierung mit Verderbnis- und Krankheitserregern wie **Kolibakterien** oder **Salmonellen** zu vermeiden, sollten Sie das Fleisch mindestens für zehn Minuten auf eine Kerntemperatur von 70 bis 80 °C erhitzen. Das Dörren des Fleisches sollte konstant bei Temperaturen zwischen 55 und 60 °C erfolgen.

Zudem erfordert der Umgang mit rohem Fleisch eine optimale Hygiene. Unterbrechen Sie die Kühlkette nur kurz, transportieren Sie rohes Fleisch in einer Kühltasche und trennen Sie es möglichst schon beim Einkauf von anderen Lebensmitteln. Reinigen Sie Hände, Gerätschaften und Arbeitsflächen, die mit rohem Fleisch in Berührung kommen, vor und nach dem Arbeiten gründlich mit heißem Wasser. Bei Verletzungen an der Hand kein Fleisch anfassen.

Die Nährwerte sind abhängig von der Fleischqualität und -verarbeitung. Die folgenden Angaben pro 100 g beziehen sich auf vergleichbare industriell getrocknete Fertigprodukte und sollen nur als Anhaltspunkt dienen: ca. 250 kcal, 40 g Eiweiß, 18 g Kohlenhydrate, 3 g Fett.

# Trail Mix (10 Portionen)

Der amerikanische Trail Mix entspricht weitestgehend unserem Studentenfutter. Kleine, aber feine Unterschiede gibt es bei den Nuss-Trockenfrucht-Mischungen dennoch. So ist ein Trail Mix meist gesalzen, was insbesondere in Kombination mit Schokolinsen einen ganz besonderen Reiz hat.

## Zubereitung daheim

150 g Cashewkerne, geröstet und gesalzen
60 g Erdnüsse, geröstet und gesalzen
70 g Mandeln, ungeschält und geröstet
150 g Rosinen
90 g Schokolinsen
Salz

1. Die Nüsse auf ihren Geschmack hin prüfen.
2. Alle Zutaten in einer großen Schüssel gut durchmischen.
3. Trail Mix luftdicht verpacken oder vakuumieren.
4. Kühl, dunkel und trocken aufbewahren.

Nüsse werden schnell ranzig, Achten Sie auf das Mindesthaltbarkeitsdatum und probieren Sie vorab alle Zutaten. Bittere oder ungewöhnlich schmeckende Nüsse, womöglich noch mit muffigem Geruch, gehören in die Mülltonne!

## Zubereitung unterwegs

Als Zwischenmahlzeit liefert der Trail Mix ungefähr so viel Energie wie dieselbe Menge Schokolade. Trockenfrüchte bestehen zu fast zwei Dritteln aus Fruchtzucker und Nüsse fast zur Hälfte aus Fett. Verstauen Sie einfach eine Handvoll Trail Mix (etwa 50 g) griffbereit als Zwischenmahlzeit.

*Trail Mix: Die amerikanische Variante des Studentenfutters enthält auch Schokolinsen*

☺ Variieren Sie Ihre Trail-Mix-Mischung! Geeignet für eine derartige Nuss-Trockenfrucht-Mischung sind neben den bereits genannten Zutaten Walnüsse, Haselnüsse, Paranüsse, Pekannüsse, Macadamianüsse und Kokos-Flakes, Kakao-Nibs, Kürbiskerne, Sonnenblumenkerne und andere Samen, Feigen, Datteln, Aprikosen, Pflaumen, Gojibeeren und anderes Trockenobst sowie kandierte Früchte. Machen Sie Ihr Rezept aber nicht zu kompliziert. Meist genügen drei bis fünf Zutaten.

ℹ Bei den im Handel erhältlichen, oft sehr erdnusslastigen Mischungen ist der Trockenfruchtanteil meist deutlich höher, was den Brennwert senkt. Wer einen noch höheren Energiegehalt erzielen möchte, der sollte mit Walnüssen, Pekannüssen und Macadamianüssen experimentieren.

ℹ Nährwerte pro 100 g: ca. 516 kcal, 13 g Eiweiß, 43 g Kohlenhydrate, 31 g Fett

# Mousse à la Vanille (2 Portionen)

Neben dehydrierten Fertiggerichten finden Sie im Supermarkt auch leckere Desserts, die sich mit kalter Milch zubereiten lassen. Mit ein paar Tricks funktioniert das auch unterwegs.

## Zubereitung daheim

1 Packung Mousse à la Vanille (ca. 60 g)
25 g Vollmilchpulver (26 % Fettgehalt) (für 250 ml Milch)

1. Mousse- und Milchpulver mischen.
2. Zutatenmischung luftdicht verpacken oder vakuumieren.

☺ Das Cremepulver für dieses schaumige Dessert ist von Herstellern wie Dr. Oetker, Komet oder RUF auch in anderen Geschmacksrichtungen erhältlich. Im Vergleich zu Mousse au Chocolat und anderen Sorten bietet die Mousse à la Vanille allerdings das beste Verhältnis zwischen Gewicht, Packmaß und Kaloriengehalt.

## Zubereitung unterwegs

1 Portion Mousse-à-la-Vanille-Mischung
250 ml Wasser

Für die Zubereitung unterwegs benötigen Sie einen dicht schließenden Behälter, kräftige Arme und einen nahe gelegenen Bach.

1. 250 ml sehr kaltes Wasser in einen auslaufsicher verschließbaren Behälter geben.
2. Die Zutatenmischung unter Rühren in das Wasser einstreuen.
3. Weiterrühren, bis sich die Mischung komplett aufgelöst hat. Etwaige Klümpchen mit dem Löffel an den Seitenwänden des Behälters zerdrücken.
4. Nun käme normalerweise ein Mixer zum Einsatz, um die Masse aufzuschlagen. In der Outdoor-Küche halten wir es stattdessen wie James Bond: Es wird geschüttelt, nicht gerührt! Den Behälter verschließen und diesen gut drei Minuten kräftig durchschütteln.

5. Abschließend soll die Masse rund eine Stunde kühl ruhen. Da unterwegs wohl kaum ein Kühlschrank vorhanden sein wird, stellen Sie die Mousse einfach im geschlossenen Behälter in den kalten Bach.

☺ Inzwischen sind im Handel auch diverse Cremepuddingsorten erhältlich, die sich ebenfalls mit kalter Milch zubereiten lassen.

**i** Nährwerte pro 100 g: ca. 454 kcal, 14 g Eiweiß, 68 g Kohlenhydrate, 14 g Fett

## Popcorn (1 Portion)

Popcorn nur im Kino? Probieren Sie doch einmal Popcorn mit Tee abends vorm Zelt!

*Popcorn: überaus schnell gemachte Leckerei aus Mais*

## Zubereitung unterwegs

10 ml Öl
18 g Popcornmais (Puffmais)
Salz

1. Das Öl (etwa 2 TL), den Popcornmais (etwa 3 TL) sowie eine gute Prise Salz in den Topf geben und den Deckel daraufsetzen.
2. Den Topf langsam bei mittlerer Flamme erhitzen, dabei alle 10 Sekunden ein wenig anheben und den Inhalt kräftig durchschütteln. Wichtig: Den Deckel festhalten und auf keinen Fall abnehmen.
3. Den Topf regelmäßig anheben und durchschütteln, sobald die ersten Maiskörner aufpoppen.

☺ Experimentieren Sie auch mit anderen Gewürzen statt Salz. Im Internet finden Sie Rezeptideen für Nacho-Popcorn, Kräuter-Popcorn und diverse andere Varianten.

☺ Wenn Sie einen Spirituskocher verwenden wollen, dann sollten Sie dieses Rezept erst einmal daheim ausprobieren, um die in etwa benötigte Brennstoffmenge zu ermitteln.

**i** Nährwerte pro 100 g: ca. 380 kcal, 12 g Eiweiß, 66 g Kohlenhydrate, 5 g Fett

# Index und Bezugsquellen

Trekking auf dem Colorado Trail, USA

## A



## B



## C



## D



## E



## F



## G

## Bezugsquellen

- **Ausrüstung für die ultraleichte Küche**: Spezialversender wie Trekking Lite Store (💻 www.trekking-lite-store.com) oder HikerHaus (💻 hikerhaus.de) oder ChrisPacks (💻 www.chrispacks.com) sowie ein gut sortierter Outdoor-Fachhandel, etwa Sack&Pack Reiseausrüstungen (💻 www.sackund-pack.de) oder Walk On The Wild Side (💻 www.walkonthewildside.de).
- **Ausrüstung sehr kleiner Spezialanbieter**: Diese Produkte werden oft in Handarbeit und auf Bestellung gefertigt, sodass sie meist nur über die Website des Herstellers erhältlich sind.
- **Graphitfilz**: Sack&Pack Reiseausrüstungen (💻 www.sackundpack.de) oder über asiatische Handelsplattformen wie Ali Express (💻 aliexpress.com).
- **Milchpulver**: Outdoor-Fachhandel oder als Nestle Nido in gut sortierten Lebensmittelgeschäften, ab 500 g deutlich günstiger über Ebay (💻 ebay.de) sowie im Bäckereibedarf, etwa bei Backstars (💻 www.backstars.de)
- **Trockenfrüchte**: Lebensmittelhandel, Drogerie- und Biomärkte sowie Reformhäuser, ausgefallenere Sorten und gefriergetrocknete Früchte bei Spezialversendern wie Naturkost Schulz (💻 www.naturkost-schulz.de) oder Tali (💻 www.tali.de)
- **Gefriergetrocknetes Gemüse und Kräuter**: Suppengemüse, Zwiebeln, Petersilie und Schnittlauch sind inzwischen selbst beim Discounter verfügbar. Alles andere bekommen Sie über Ebay (💻 ebay.de) oder im gut sortierten Lebensmittel- oder Gewürzhandel. Viele Gemüsesorten sind allerdings auch dort nicht erhältlich und müssen selbst gedörrt werden.
- **Beef Jerky/Trockenfleisch**: Gut sortierte Lebensmittel- und Outdoor-Händler oder über Spezialversender wie Jerkyshop (💻 www.jerkyshop.de)

TREKKING
LITE
STORE
trekking-lite-store.com

SOTO

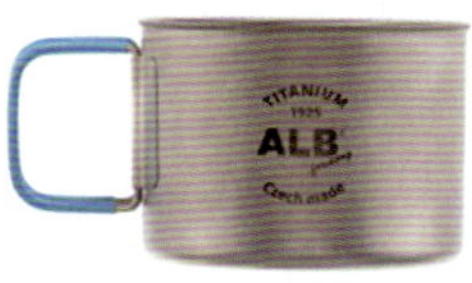
TITANIUM
1925
ALB
Czech made

SPOON

OUTDOOR
Basiswissen für draußen
BASIXX
Stefan Dapprich und Stefan Kuhn
Trekking ultraleicht